Ulrich Gineiger

Vorsicht, Fisch kann Gräten enthalten!

Bürokratischer Wahnsinn in Deutschland und der EU

emons:

Bibliografische Information der Deutschen Nationalbibliothek
Die Deutsche Nationalbibliothek verzeichnet diese Publikation in der
Deutschen Nationalbibliografie; detaillierte bibliografische Daten sind
im Internet über http://dnb.d-nb.de abrufbar.

Umschlaggestaltung: init, Büro für Gestaltung, Bad Oeyenhausen

© 2014 Herman-Josef Emons Verlag
Alle Rechte vorbehalten
Lektorat: Marit Borcherding, Göttingen
Satz und Gestaltung: Sabine Düde, César Satz & Grafik GmbH, Köln
Illustrationen: Susanne Kracht, Dirlewang
Druck und Bindung: CPI – Clausen & Bosse, Leck

ISBN 978-3-95451-320-8

Unser Newsletter informiert Sie
regelmäßig über Neues von emons:
Kostenlos bestellen unter
www.emons-verlag.de

Vorwort

»Vorsicht, Fisch kann Gräten enthalten!« Wer hätte das gedacht? Danke für den Tipp. »Schokolade kann Kalorien enthalten.« Welch nützlicher Hinweis! »Im Brot ist Salz – Achtung, Gesundheitsgefahr!« Aha. Sind wir noch zu retten? Nein, wir müssen vor uns selbst geschützt werden. Davon sind nicht nur Juristen in Berufsgenossenschaften überzeugt. Das wissen auch die Mitarbeiter der EU-Kommissionen und zahlloser anderer Institutionen und Gremien: Wir wollen die totale Kontrolle! Der Kontrollwahn nimmt uns die Luft zum Atmen, verletzt unsere Selbstverantwortung, unsere Selbstachtung und beschert uns eine Verteuerungswelle ohnegleichen. Wozu brauchen wir eine Grabsteinschüttelverordnung?

Weil ein Grabstein einen Menschen erschlagen könnte. Warum wurde in Penzberg der Faschingszug abgesagt? Aus Angst vor Verletzungen der Zuschauer durch wirbelndes Konfetti. Warum gab es in Neubaugebieten keine Teiche in den Grünanlagen? Partygäste könnten ertrinken. Warum dürfen Kinder keinen selbst gebackenen Kuchen mehr in den Kindergarten mitbringen? Man weiß ja nicht, was drin ist. Unsere Gesellschaft tut so, als sei das Leben ohne jedes Risiko zu haben – der Preis ist eine Bevormundung, die uns alle zu Unmündigen erklärt. Wer einsteigt in den Paragrafendschungel der Absicherungsgesellschaft, findet beste Unterhaltungslektüre, die Lachtränen in die Augen treiben könnte, wären die Folgen dieser Auswüchse nicht zum Weinen. Das Ausmaß der Gängelung ist allumfassend und erstickend. Ist Widerstand dagegen sinnlos? Ist er nicht!

Selbst gebackener Kuchen verboten

Absicherungswahn und Reglementierung
bei Kindern und Jugendlichen

Selbst gebackener Kuchen im Kindergarten? Hochgefährlich!

Die Eltern dachten sich nichts Böses, als sie ihrer Kleinen einen selbst gebackenen Kuchen in den Kindergarten mitgaben. Die Erzieherin reagierte entsetzt: Selbstgebackenes ist verboten.

Die Augen von Anna leuchten. Die Vierjährige liebt es, mit den Händen in Mehl zu klatschen, Teig zu kneten und aus der Masse etwas zu formen, was eine gewisse Ähnlichkeit mit einem Kuchen aufweist. Das Ganze wird noch mit bunten Schokobröseln bestreut, um dann als Gesamtkunstwerk im Kindergarten präsentiert und verzehrt zu werden. Der Vater von Anna kam allerdings mit einer schlechten Nachricht nach Hause zurück: Ab sofort ist es streng untersagt, selbst gebackenen Kuchen in den Kindergarten mitzubringen. Schließlich weiß man nicht, was drin ist. »Die Gefahr, dass ein Kuchen Salmonellen enthält, tendiert gegen Null«, zitieren die *Schaumburger Nachrichten* den Lebensmittelbiologen Hans-Dieter Werlein von der Leibnitz Universität Hannover. Ähnlich verhalte es sich mit dem Auspusten von Hühnereiern: Sollte wirklich ein verseuchtes Ei dabei sein, so enthält es so wenige Salmonellen, dass diese von der Magensäure zerstört werden. So geht es auch hier um die rechtliche Absicherung der Träger: Man nimmt den schlimmsten, noch so unwahrscheinlichen Fall als Tatsache an, um dann zu fragen: Wer ist der Schuldige? Immerhin wird die Frage »Kuchen ja oder nein« in den Kindergärten unterschiedlich gehandhabt.

Auf diversen Internetseiten machen sich Eltern über die Verbote lustig oder reagieren zornig: »Vielleicht können sie ja die Eier vorher segnen oder den Kuchen, vielleicht hilft es, wer weiß ...« In den städtischen Kindergärten in Hannover ist auch das Mitbringen von Sahne- und Buttercremetörtchen untersagt, Obst- und Topfkuchen sind gestattet. Wer sich über gesetzliche Vorgaben informieren will, findet auf der Internet-seite des Informationsdienstes »aid – Wissen in Bestform« die wichtigsten Details aus dem Lebensmittelrecht. Und genau hier ist der juristische Knackpunkt auszumachen – unter der Rubrik »Was zu beachten ist, wenn selbst gemachte Speisen von zu Hause mitgebracht werden« steht es schwarz auf weiß: Sobald regelmäßig Speisen aus Privathaushalten spendiert werden, erhält der Haushalt den Status des Lebensmittelunternehmers, müsste also sämtliche Regeln des Hygienegesetzes erfüllen. Doch das ist, räumt selbst »aid« ein, in der Praxis unmöglich.

Wörtlich: »Wer auf diese Art der Mitarbeit nicht verzichten will oder kann, sollte sich über die Hygienerisiken bewusst sein und darüber, dass die rechtliche Verantwortung für die einwandfreie Qualität der Speisen und Getränke in der Regel bei der Leitung der Einrichtung liegt. Halten Sie konsequent alle Regeln einer guten Hygienepraxis ein und kommunizieren Sie dies entsprechend im Kreis der Ehrenamtler!« Noch spannender gestaltet sich der Ablauf, wenn *einmalig* Speisen für eine Fete mitgebracht werden. Auch in diesem Fall wird der Privathaushalt zum Lebensmittelunternehmer.

In der Praxis könnte das so aussehen: Ein Kindergarten fei-ert sein Jubiläumsfest. Eltern steuern Würstchen und Senf bei, selbst gebackenen Kuchen, natürlich nur in Kindergärten, wo es gestattet ist. Hier empfiehlt »aid«, den Mithelfenden eine vorhe-rige Unterweisung zu erteilen (etwa: Auf den Boden gefallene Würstchen nicht zurück auf den Teller!), diese Unterweisung schriftlich festzuhalten, sodann eine gesonderte Dokumenta-tion der eingegangenen Speisen zu erstellen (Frau Meier brachte sieben Würstchen und einen Kuchen mit) und genaue Vorgaben zu erstellen, welche Speisen nicht mitgebracht werden sollten: »Beachten Sie, dass kühlpflichtige Speisen unbedingt gekühlt angeboten werden.« Es folgen Hinweise auf die einschlägige

Literatur (»Leitlinie für eine gute Lebensmittelhygienepraxis«) –
eine Lektüre, die sich verantwortungsbewusste Eltern sicherlich
vornehmen werden. Merke: Was Sauberkeit angeht, ist auch und
besonders gegenüber Kindergarteneltern Skepsis angesagt.
Besser, man spricht ihnen jedes Verantwortungsbewusstsein ab
und hält sich haarklein an all die Auflagen, dann klappt's auch
mit der Salmonellen-Verhinderung ...

Keine Rücksicht auf Kinder in Not

In einem Friedensdorf im Ruhrgebiet können sich Kinder aus Krisen-
und Hungergebieten erholen. Bürokratische Auflagen verkehren den
guten Zweck ins Gegenteil.

Ein Dutzend ineinander geschachtelter, eineinhalbstöckiger
Gebäude stehen an einem Waldrand, auf großzügigen Grünflä-
chen bewegen sich lachende Kinder aus aller Welt: Wir sind im
Friedensdorf in Oberhausen. Diese Kinder stammen aus Kriegs-
und Krisenregionen. Viele von ihnen sitzen im Rollstuhl, sind
durch eine Krankheit gezeichnet oder durch eine Verletzung
behindert. Hier dürfen sie Atem holen, Kraft tanken für die Seele,
bevor sie in ihre Heimat zurückkehren.
   Mit dem Ende des Sechstagekrieges in Ägypten und Israel im
Dezember 1967 beginnt die Geschichte dieses Friedensdorfes.
Kurz danach treffen die ersten Kinder aus Vietnam im damals
schon wohlstandsgesättigten Deutschland ein. Im Jahr 2005
feiert man die komplette Umgestaltung und die Einweihung
zahlreicher Neubauten. Finanziert wird das Friedensdorf durch
Mitgliedsbeiträge und Spenden. Die Einrichtung hat den Status

eines Vereins – und damit fingen 2005 die Probleme an. »Die Behörden gaben sich Mühe«, sagt Thomas Jakobs, der Leiter des Friedensdorfes. Immerhin waren die Beamten – etwa aus Jugendämtern und von der Lebensmittelüberwachung – nicht zu beneiden: Da alles seine Ordnung haben musste, hatten sie klarzustellen, welche Rechtsform das Friedensdorf aufweist oder was es nach der Verordnung überhaupt ist. »Es ist nicht leicht, uns in Kategorien zu fassen«, erklärt Jakobs. Schließlich erkannten die Behörden: Das Friedensdorf ist eine Großküche. Ein Status, der dauerhaft komplizierte Folgen nach sich zieht. »Vor dem Umbau war die Verpflegung genauso sauber und gut wie heute«, resümiert Thomas Jakobs.

Was früher in einer überschaubaren Küche angerichtet wurde, ist nun auf eine Vielzahl großer Räume verteilt, denn schließlich darf ein Sack Kartoffeln keineswegs neben Mineralwasser oder Gemüse gelagert werden. So gibt es eine Küche für Fleischzubereitung, eine für Gemüsezubereitung, drei Kühlräume, einen Tiefkühlraum und dergleichen mehr. Pro Raum kostete der Umbau zwischen 20 000 und 25 000 Euro – Geld, das die Stiftung besser in das Wohl der Kinder hätte investieren können. »Man hat uns zu einer öffentlichen Einrichtung erklärt, damit fängt der Ärger schon an«, meint Jakobs kopfschüttelnd. »Wir sind nun mal ein privater Träger. Aber die Behörden müssen uns irgendwie klassifizieren. Also sind wir als öffentliche Einrichtung bundesweiten Verordnungen ausgesetzt, die uns das Leben auf groteske Weise erschweren.« Ein Beispiel ist die gemeinsame Verpflegung. Alle aus der Küche herausgegebenen Lebensmittel – Marmeladengläser, Frischkäse, Brot, Butter und anderes – darf nicht mehr in die Küche zurück, sondern muss, einmal angebrochen, »fachgerecht entsorgt werden«. Der Haken an der Geschichte: Die Kinder kommen in aller Regel aus Krisenregionen. »Diese Kinder sollen dann mit ansehen, wie ein angeschnittenes Brot, eine eben angebrochene, fast volle

Packung Kekse auf den Müll wandert«, berichtet der Leiter.»In diesem Fall werde ich fuchsteufelswild!«

Dass sich das Friedensdorf hier über die Gebote der Bürokratie hinwegsetzt, wird sogar stillschweigend geduldet. Jakobs:»Hätten wir in der Behörde einen wirklich sturen Bürokraten sitzen, gäbe es für uns ein Problem.« Früher habe man ein Schwein gehalten, dem die Reste schmeckten. Altes Brot habe man früher den Bauern gegeben, die es an die Pferde verfütterten – was heute streng untersagt ist. Wenn man es ganz genau nehmen würde, dann müssten organische Abfälle sogar gekühlt werden, bevor sie fachgerecht zu entsorgen sind – ein enormer Aufwand, der Organisationen wie das Friedensdorf weit überfordert.

Bleiben wir in der Küche. Salat wird zubereitet. Nun ist es untersagt, auf ein- und demselben Brett verschiedene Lebensmittel klein zu schnippeln. Konkret sieht das so aus: Gurken werden auf Brett eins klein gehackt, das Brett kommt in die Spülmaschine. Rübchen werden auf Brett zwei klein gehackt, das Brett kommt in die Spülmaschine, und so geht es weiter. Ein anderes Beispiel: Die Häuser, in denen die Kinder wohnen, sind eineinhalb Etagen hoch. Die oberen Fenster sind geöffnet zu halten, das sind im Brandfall Fluchtwege – sagt der Brandschutz. Die oberen Fenster sind geschlossen zu halten, das sind im Brandfall Gefahrenquellen – sagt das Jugendamt. Brandmelder sind in bestimmten Abständen an der Decke anzubringen – und zwar auch in den Fluren direkt vor den Türen der Duschen. Natürlich schließen die Kinder im Winter die Außenfenster der Duschkabinen und lassen lieber die Tür zum Gang offen. Die Folge: Der Dampf zieht auf den Flur. Feueralarm! Die Feuerwehr fährt öfter mal ins Friedensdorf, denn aufgrund der ausgefuchsten Sicherheitstechnik gibt es immer wieder Fehlalarm.»Die kommen dann mit einem kompletten Löschzug, auch wenn wir am Telefon hundertmal erklärt haben, dass alles in Ordnung ist«, berichtet Thomas Jakobs.

Kleine Kinder aus Angola sind von Anfang an den körperlichen Kontakt gewohnt. Ihre Mutter trägt sie vor dem Bauch oder auf dem Rücken, beim Einschlafen gibt es Körperkontakt zu den Geschwistern. Im Friedensdorf ist das durch die Behörden streng untersagt. »Die Kinder können nicht einschlafen«, berichtet Jakobs. »Die bekommen Panik, wenn sie allein im Bett liegen. Also klettern sie raus und schlüpfen zu Gleichaltrigen ins Bett, was unsererseits strengstens zu unterbinden ist.« In Deutschland haben Kinder Anspruch auf 15 Quadratmeter Wohnfläche mit Außenbereich. Pro Raum dürfen höchstens zwei Betten stehen. »Nun stellen Sie sich vor, wie das auf unsere kleinen Gäste wirkt, die in ihren Ursprungsländern häufig in Lehmhütten wohnen oder in zerstörten Häusern in Afghanistan, gemeinsam mit neun oder zwölf Geschwistern.

Ich habe versucht, den Behörden klarzumachen, dass das unverantwortlich ist. Die Kinder entwickeln Ansprüche, die sie nach ihrer Rückkehr in die Heimat nicht erfüllt bekommen.« Man habe zwar auch viel Entgegenkommen durch Behörden erfahren, doch etliche Vorschriften greifen nach bundeseinheitlichen Mustern – und damit an den Bedürfnissen der Kinder meilenweit vorbei. Da wäre die Geschichte mit der Architektur. Bei der Umplanung des Jugenddorfes etwa zur Jahrtausendwende hatte man einen Architekten gewinnen können, der nur 30 Prozent des üblichen Honorars verlangte und den Rest als Spende quittiert bekam. Die Baupläne fand man im Friedensdorf großartig – im Gegensatz zum Landesjugendamt, das die Pläne zur Genehmigung vorliegen hatte. Dem Architekten war der Fehler unterlaufen, dass er die Spielräume zur Nordseite hin angelegt hatte. Spielräume sind auf die Südseite auszurichten, also wurde umgeplant.

Übrigens bekommen die Kinder viermal im Jahr Post von der Bundeszentrale für Steuern. »Sehr geehrte Dame, sehr geehrter Herr«, steht zu lesen, der Empfänger bekomme nun nach Paragraf 39 b der Abgabenordnung eine Steuer-Identifikationsnummer zugeteilt, die er lebenslang behalte. Für Thomas Jakobs ist das eher eine Schmonzette:»Ich hab denen immer wieder gesagt, lasst den Blödsinn, die Kinder sind doch höchstens 13 Jahre alt.« Doch die Post liefert zuverlässig weiter aus. Thomas Jakobs hat wenig Vertrauen in die Zukunft, denn auch Beamte sind nur ausführende Kräfte eines übergeordneten Regulierungssystems. Er hat diesen Prozess akzeptiert, und dennoch:»Das ganze Verfahren wird immer unsinniger – meine Toleranzgrenze schwindet von Jahr zu Jahr.«

Regulierungswut in Schulbüchern

Wir handeln doch alle immer politisch korrekt. Auch bei der Erziehung unserer Kinder. Steht da etwa das Wort »Negerlein« im Kinderbuch? Raus damit, auch wenn es sich um einen Klassiker handelt!

Könnte es geschehen, dass unsere Kinder zu Rassisten werden? Das ist schon eine gewagte Unterstellung. Schließlich leben wir auch im Alltag vor, was das Zusammenleben von Menschen mit Verantwortung prägen soll. Falls aber doch – sind wir dann mitschuldig? Womöglich haben wir es versäumt, rassistisch deutbare Hinweise aus den Kinderbüchern zu entfernen?

Mit diesem Argwohn ging man frisch ans Werk. Aber man muss schon gedanklich ziemliche Haken schlagen, um Autorinnen wie Astrid Lindgren rassistisches Denken zu unterstellen. Dennoch hat der Verlag in ihr Kinderbuch korrigierend eingegriffen. In »Pippi Langstrumpf« mutierte der »Negerkönig« zum »Südseekönig«. Das war bereits 2009. Daraufhin nahm sich ein weiterer Verlag die »Kleine Hexe« des Autors Otfried

Preußler vor: In dem Klassiker war man auf das Wort »Negerlein« gestoßen. Zumindest im Salamanderbuch »Lurchi« durfte ein Schwarzer seine Hautfarbe behalten: Er wandelte sich vom »Negerlein« zum »Schornsteinfegerlein«. Ist es eine Frage der Zeit, bis der Deutsche Schornsteinfegerverband die Diskriminierung beklagt und uns nahelegt, von Abluft-Hygienikern zu sprechen?

Der *Spiegel*-Autor Jan Fleischhauer erwähnt eine »vorauseilende Entschuldigungsbereitschaft«: Wer korrekt sein wolle, spreche auch nicht mehr von »Indianern«, sondern von »indigenen Völkern«. Danach ist auch der Begriff »Eskimo« umstritten: Laut Sprachwissenschaftlern leite sich das Wort möglicherweise aus einer Umschreibung von »Rohfleischessern« ab. Nun könnte es ja sein, dass auch ein Eskimo ein Veganer ist. Was dann? Und der Sinti- und Roma-Baron lässt sich ein saftiges Sinti- und Roma-Schnitzel schmecken. Einfach köstlich, oder? Aber nein – das sei albern, befindet die »Sinti-Allianz« in Köln: Die nämlich plädiert für den Begriff »Zigeuner«, der sich über Jahrhunderte eingebürgert habe. Dieses Wort aber sei beleidigend, befindet der »Zentralrat Deutscher Sinti und Roma«.

Was nun, liebe Mitbürger mit Migrationshintergrund – oder »Migränehintergrund«, wie es ein türkischer Kabarettist formuliert? Dies nur, um sich gegen die »Bio-Deutschen« abzusetzen, von denen sich wiederum viele als »professionelle Minderheitenschützer« (Jan Fleischhauer) erweisen. Übrigens gilt Hessen als eine Heimat berühmter Kinderbücher, unter anderem entstanden hier »Grimms Märchen« sowie der »Struwwelpeter«. Wer sich den einmal genauer ansieht, stolpert garantiert über zahllose, unverantwortliche Möglichkeiten von Missdeutung. Wer trägt die Schuld, wenn unsere Kinder dieser scheinbar falschen Ausrichtung folgen? Freilich folgte der Selbstzensur der Kinderbuchverleger auch Häme und Kopfschütteln.

Ein Beispiel: Den wohl publikumswirksamsten Auftritt erlaubte sich Denis Scheck, bekannt als Literaturkritiker des

Deutschlandfunks sowie aus der ARD-Literatursendung »Druck-frisch«: Das Internet zeigte ein Kurz-Video, in dem Scheck als »Neger« auftrat. Er trug weiße Handschuhe und hatte sich das Gesicht schwarz gefärbt – als Zeichen des Protestes gegen die sprachliche Reglementierungswut in den Kinderbüchern. Scheck erklärte sich: »Wer heute in Deutschland von Negern spricht, ist ein Holzkopf.«

Das Wort »Neger« aus Kinderbüchern zu entfernen, sei je-doch ein feiger, vorauseilender Gehorsam vor den Tollheiten einer auf die Kunst übergegriffenen politischen Korrektheit. Denis Scheck erntete viel Zustimmung. Brigitte Zypries, ehe-malige SPD-Bundesjustizministerin, erwähnte, schließlich schreibe man auch nicht Goethe und Schiller um. Selbst Luc Jochimsen (Die Linke) wandte sich dagegen, die Sprache eines Autors zu verändern. *ZEIT*-Autor Ulrich Greiner warnte vor Zensur. Womit Denis Scheck anlässlich seines Auftritts als verkleideter Schwarzer vermutlich nicht gerechnet hatte: Er provozierte exakt das Gegenteil dessen, was beabsichtigt war. Gutmeinende protestierten gegen ihn und warfen ihm vehement vor, sich in die Tradition der Minstrel-Shows zu stel-len. In diesen Shows hatten sich einst weiße Amerikaner über die Schwarzen lustig gemacht, indem sie selbst als »Neger« auftraten. Weil es nun theoretisch möglich wäre, Parallelen von Schecks Auftritt mit rassistischen Aktionen in Amerika zu zie-hen, stand der Literaturkritiker selbst in der Kritik. Diese Form der Überreglementierung sei eine Tollheit, die nun auch auf die Kunst losgelassen werde, hatte er ursprünglich gemeint. Nach seinem Auftritt erfuhr er dieses Prinzip am eigenen Leib.

Womöglich muss es einen letzten, vorauseilenden Einschnitt in die Sprache geben, um künftige »Missverständnisse« zu ver-meiden: Wir ersetzen den Begriff »schwarz« durch »ultralicht-los«, ändern das Wort »farbig« in »multicoloral« und entwickeln ein PC-Programm, das die gesamte Weltliteratur nach schwarzen

Schafen (sorry, liebe Schafe, das war nicht persönlich gemeint) unter den Wörtern – Entschuldigung, nach »ultralichtlos« erscheinenden Wortmonstern durchsucht und durch menschenfreundliche Begriffe ersetzt. Viel Spaß!

Ausgehverbot für Kurze

Ginge es nach dem Willen eines bayerischen CSU-Politikers, dann haben 14-Jährige abends unter freiem Himmel nichts mehr verloren. Nur so können sie vor der Verwahrlosung bewahrt werden.

Anni D. ist 13 Jahre alt und lebt im westlichen Münchner Stadtteil Aubing. An einem warmen Sommerabend schlendert Anni von der Geburtstagsfete ihrer besten Freundin gut gelaunt von der Bushaltestelle nach Hause. Plötzlich hält neben ihr ein Polizeiwagen. »Was machst du um diese Zeit draußen?«, will einer der Beamten von der Jugendlichen wissen. Hätte sich 2004 der damalige CSU-Generalsekretär Markus Söder durchgesetzt, dann hätten Jungen und Mädchen unter 14 Jahren nach 20 Uhr nichts mehr auf der Straße verloren gehabt.

Ein anderes Szenario: Thomas ist 12 Jahre alt. Eher grollend kommt er der Bitte seines Vaters nach, Zigaretten zu holen. Denn Zigaretten sind schädlich, weiß er. Aber Zigarettenautomaten sind – entgegen dem Willen einiger Politiker – noch immer erlaubt. Da der Vater von Thomas häufig bis Mitternacht am Schreibtisch sitzt, fügt sich Thomas und geht um 21 Uhr zum 200 Meter entfernten Zigarettenautomaten. Auch hier gilt: Hätte der CSU-Mann sich durchgesetzt, dann wäre sein Vater gezwungen gewesen, Thomas zum Automaten zu begleiten.

Denn für unter 14-Jährige hätte es eine Begleitpflicht gegeben. »Warum sollen Zehn- und Elfjährige um 21 Uhr auf der Straße herumhängen?«, wird der sich verteidigende Markus Söder in diversen Medien zitiert.

Merke: Unter 14-Jährige, die sich abends auf der Straße aufhalten, stehen nicht, sie laufen nicht, sie joggen nicht, sie »hängen herum«. Söder verstand die Welt nicht mehr, da nicht nur Politiker anderer Parteien sich über seinen Vorschlag lustig machten. »Realitätsfern«, urteilte seinerzeit etwa die nordrhein-westfälische Landesjugendministerin Ute Schäfer (SPD), »weltfremd« die Bundesfamilienministerin Renate Schmidt (SPD). Doch Söder blieb hart: Das Jugendschutzgesetz solle um einen entsprechenden Paragrafen erweitert werden. Mit dem Ausgehverbot wollte er Verwahrlosung und Drogenmissbrauch eindämmen. Dabei erinnerte er an die zunehmende Gewaltbereitschaft unter Kindern und Jugendlichen. Beim Versagen der Familie müsse eben der Staat eingreifen. Daraufhin ernannte ein bayerischer SPD-Politiker Markus Söder zum »Donald Duck der CSU«.

Wer lernt mich Deutsch?

Ein Test soll den »Sprachstand« von Kindern ermitteln – von Migranten ebenso wie von deutschen Jungen und Mädchen. Oft findet er unter Bedingungen statt, die Kinder verstummen lassen.

Die Kinder von Migranten sollen bestmöglich integriert werden. Dazu gehört die Beherrschung der deutschen Sprache. Deutschunterricht allein tut es nicht, es muss auch kontrolliert werden, ob das Gelernte richtig sitzt. Da aber alle vor dem Gesetz gleich sind, wird der »Sprachstandstest« – etwa in Nordrhein-Westfalen – nicht nur bei Kindern von Migranten angewendet, sondern auch bei jenen Kindern, welche die deutsche Sprache mit der Muttermilch aufgesogen haben sollten. Die Art und Weise wie dieser Test häufig durchgeführt wird, verschlägt Kindern im wahrsten Sinne die Sprache.

»Unsere Tochter Hanna stand in der Prüfung da wie versteinert«, erinnert sich der Landwirt Bernd Schmitz aus Hanftal im Sieg-Kreis. Schmitz ist stellvertretender Bundesvorsitzender der Arbeitsgemeinschaft bäuerliche Landwirtschaft, sprachliche Eloquenz ist in der Familie eine Selbstverständlichkeit. Auch Hanna hatte sich der staatlich vorgeschriebenen Überprüfung des Sprachstandes zu unterziehen. Zweck der Aktion: Kindergartenkinder sollten hinsichtlich ihrer Sprachfähigkeit in Deutsch eingeschätzt werden. Durchgeführt hat diese Überprüfung nicht etwa ein Kinderpsychologe, sondern eine Grundschullehrerin, die sich im Kindergarten angemeldet hatte. Selbst die Beurteilungskompetenz der dort arbeitenden Logopädin wurde von dieser Zwangsmaßnahme ignoriert. »Und nun sollten die Kinder vor einer wildfremden Person die albernste Wortakrobatik betreiben«, erinnert sich Bernd Schmitz.

»Die Form dieser Abfrage bewirkte die totale Zurücknahme dessen, was Kinder können.« Auch seine Tochter schnitt nicht so gut ab, wie es ihrem Leistungsstand entsprach, oder wie es die Logopädin oder die Kindergärtnerin selbst hätten feststellen können. Die Leitung des Kindergartens habe die Art und Weise des Tests abgelehnt, doch Gesetz ist Gesetz. »Ich habe mich und meine Tochter selten so bevormundet gefühlt«, erinnert sich Schmitz. »Meine Kinder haben keinerlei sprachliches Defizit. Aber sie hatten nicht die geringste Lust, die Quatschwörter nachzusprechen, die ihnen die Lehrerin vorsagen musste – etwa eine Abfolge merkwürdiger Laute.« Es handelte sich um aus Einzelteilen zusammengebaute Worte. Nun könnten Eltern am

Tag dieses »Tests« ihre Kinder krankmelden. Das hilft allerdings wenig. »Wenn man diesen Quatsch verweigert, fühlt man sich hinterher gebrandmarkt«, mutmaßt Bernd Schmitz. »Denn das wird garantiert dokumentiert, und die Schulen geben sicher weiterreichende Empfehlungen. Als Vater habe ich das Gefühl der Machtlosigkeit.« Zahlreiche Eltern, mit denen sich die Familie austauschte, hätten den Test ebenfalls mit Kopfschütteln quittiert. Der Landwirt vermutet richtig: Dem Sprachstandstest folgt in aller Regel ein »Schulfähigkeitsprofil« für jedes einzelne Kind. Dieses Profil befindet, wie der Name sagt, über die »individuelle Schulfähigkeit« – und ist durchaus geeignet, den Lebensweg der Kinder nachhaltig zu beengen.

Das bekam auch die Bonner Journalistin Antje Allroggen zu spüren. Ihre Tochter Franzis war vier Jahre alt, als sie sich im Sommer 2013 dem »Delfin-Test« zu unterziehen hatte. Staunend saß Frau Allroggen neben ihrer Tochter und der mit dem Test beauftragten Lehrerin in einem Kellerraum der Schule. Aus einer Kiste wurde ein Aktenordner hervorgezogen, die Lehrerin zeigte dem Kind Bilder aus diesem Ordner und sprach »total sinnlose Quatschwörter« (Allroggen) in den Raum. »Meine Tochter hat sich sofort verweigert und ist verstummt«, berichtet Antje Allroggen – eine verblüffende Übereinstimmung mit den Beobachtungen von Bernd Schmitz. Weiter erzählt Frau Allroggen, dass die Kinder beim besten Willen nicht wussten, was sie mit Begriffen wie »Mula-Fari« oder »Guniwewu« anfangen sollten. Außerdem hätten sie Worte wie »Gurfipp«, »Bolimepu« oder »Kebutt« nachsprechen müssen. Wörtliches Zitat aus dem Protokollheft des Delfintests: »Für jedes vollständig richtig nachgesprochene Kunstwort wird ein Punkt vergeben. Jedes nicht vollständig nachgesprochene Wort wird mit o Punkten bewertet.« Als Nächstes wurden ihnen Karten vorgelegt. »Was ist das?«, lautete die Frage. Die Karte zeigte ein stehendes Pferd, auf dem ein Kind saß. »Da sitzt ein Kind auf einem Pferd«, erklärte die vierjährige Franzis Allroggen.»Falsch«, entschied die Prüferin.»Das Kind reitet!« Hier spätestens wurde es der Mutter zu bunt.»Ich habe die Frau darauf hingewiesen, dass da ein stehendes Pferd, kein laufendes, abgebildet war.« Doch in den Vorgaben stand nun einmal etwas anderes.»Solche Beispiele könnte ich noch viele anführen«, erinnert sich Antje Allroggen. Außerdem störte sie, dass in Anwesenheit ihres Kindes über dessen angebliche Fehlleistungen gesprochen wurde. Die Folge ist verständlich: Franzis ging in die innere Emigration und schwieg beharrlich. Die Rechnung wurde Tage später serviert: Animiert von der prüfenden Lehrerin teilten Mitarbeiterinnen des Kindergartens der Mutter mit, dass ihr Kind unter erheblichen sprachlichen Defiziten leide. Es müsse unbedingt in den Förderunterricht, je mehr Kinder dort teilnähmen, desto mehr Gelder für Personal und wirtschaftliche Ausstattung könne man beantragen. Antje Allroggen:»Meine Tochter erlebte bei diesem überflüssigen Gezerre genau das, was ich ihr ersparen wollte: Sie reagierte stigmatisiert, vor dem Einschlafen sprach sie gequält die geforderten Worte noch einmal nach. Dabei verläuft die sprachliche Entwicklung von Franzis vollkommen normal, was uns der Kinderarzt nach eingehender Untersuchung auch bestätigt hat.« Allroggen nennt den Delfin-Test eine»Problembeschaffungsmaschine«, die ganze Vorgehensweise trug für sie geradezu totalitäre Züge. Schließlich waren die Probleme von einem Tag zum anderen aus der Welt geschafft: Die prüfende Lehrerin war der Aufforderung der Mutter gefolgt, sich mit dem Kinderarzt in Verbindung zu setzen, wobei sich herausstellte, dass der Nachwuchs des Arztes die gleiche Einrichtung besuchte.

Die nordrhein-westfälische Landesregierung hat angekündigt, ab 2014 auf diese Variante des»Sprachstandstests« zu verzichten.

Heiliger Strohsack

Im November 2013 machten sich überall die Martinszüge auf den Weg. Die Martinszüge? Weil Gutmenschen meinten, jemand mit anderer Religionszugehörigkeit könnten sich ausgeschlossen fühlen, entstand die glorreiche Idee, besagte Feier in »Sonne-Mond-und-Sterne-Fest« umzutaufen.

Diverse Politiker wissen zu gut, wie man auf sich aufmerksam macht: Man stelle eine absurde Forderung auf, schon schwirrt der eigene Name durch die Medien. Wir müssen hier keine Namen nennen. Nur so viel: Er ist ein Vertreter der Linken in Nordrhein-Westfalen und war recht angetan von der Idee, das St.-Martins-Fest umzubenennen. Später, als man sich allgemein über den Vorschlag wahlweise lustig machte oder sich empörte, erklärte er, er sei womöglich absichtlich missverstanden worden. Seine Äußerung lag allerdings diversen Medien wörtlich vor – erstaunlich, was man an einer inhaltlich klaren Aussage angeblich missverstehen kann.

Die Vorgeschichte: Die *Taunus-Zeitung* berichtete über einen Kindergarten in Bad Homburg, der aus Gründen der »politischen Korrektheit« die Martins-Feier in »Sonne-Mond-und-Sterne-Fest« umgetauft habe. Schließlich könnten sich Kinder etwa muslimischer Herkunft an der Bezeichnung reiben. Ein Stadtrat dementierte, doch war die Meldung sehr schnell »unrückholbar« in der Welt. Tatsächlich gab es schon vor über zehn Jahren – nicht nur im Taunus – Bestrebungen, das Martins-Fest umzutaufen. Die Linke in Nordrhein-Westfalen applaudierte spontan. Doch selbst der Zentralrat der Muslime konnte mit dem Martins-Fest gut leben, und in zahllosen Kindergärten feiern Kinder muslimischen Glaubens begeistert mit. Der Deutschlandfunk hatte aus einem Multikulti-Kindergarten detailliert berichtet und ließ auch muslimische Eltern zu Wort kommen. In den *Ruhr-Nachrichten* äußerte sich die frühere Ratsvorsitzende der Evangelischen Kirche Margot Käßmann im November 2013: Sie fühle sich an die DDR erinnert, wo es nicht »Engel« hieß, sondern »Jahresendzeitfiguren«.

Auch wenn jetzt flächendeckend St. Martin weiter reiten darf: Wir dürfen sicher sein, dass weitere Reglementierungsvorschläge aus der Ecke der professionellen Moralisten auf uns warten. Wie wäre es mit »Schneewaldschratenfest« statt St. Nikolaus, »Glühwein- und Folkloremarkt« statt »Christkindlmarkt«, »Fest der drei dunkelhäutigen Migranten« statt »Heilige drei Könige«? Wir freuen uns auf weitere konstruktive Einlassungen!

Dieser Wein
darf gar nicht sein

Unsinnige Regulierungen beim Essen und Trinken

Vorsicht! Gräten im Fisch

Warntafel im Laden eines Fischgroßhändlers in Hamburg: »Wir müssen Sie darauf hinweisen, dass im Fisch Gräten vorkommen können.« Ein Werbegag? Keineswegs. Der Satz sollte den Händler vor Regressansprüchen schützen.

Torsten Oesmann ist Chef einer Fischgroßhandlung in Hamburg. Sein Laden bietet ein reiches Angebot von Süß- und Salzwasserfischen sowie Krustentieren. Außerdem hatte sich das Unternehmen mit Räucherfisch einen Namen gemacht. Fischbrötchen kann man auch via Internet bestellen. Oder man spaziert ins Fischgeschäft wie den einstigen Laden in der Hamburger Schnackenburgallee 8. An den Kassen Standen eines Tages Schilder, welche die Kunden darüber aufklärten, dass Fisch Gräten enthalten kann. In einer Weißwurst-Metropole wie München oder einer Currywurst-Hochburg wie Berlin mag man darüber lächeln, in Hamburg lacht man laut auf. Doch Torsten Oesmann hatte keine andere Wahl. Der Händler vermutet, dass ähnliche Schilder schon bald bei allen Fischhändlern zu finden sind.

Bei Torsten Oesmann hat die Geschichte angefangen – mit einem ganz banalen Vorgang: Ein Kunde kaufte ein Brötchen mit Räucherlachs, schon nahm das Unglück seinen Lauf. Dem Mann blieb eine Gräte im Hals stecken, die angeblich erst im zweiten Krankenhaus entfernt werden konnte. Nun beschwerte sich der Kunde bei Herrn Oesmann – dass der Fisch eine Gräte enthielt, war schließlich nicht abgemacht. Torsten Oesmann zeigte sich tolerant und bot dem Kunden eine freie Auswahl an Frischfisch. Der Kunde lehnte ab: Wenn schon eine Scheibe Lachs eine Gräte enthalten konnte, wie viele seien dann erst in anderen Fischsorten? Kurze Zeit später flatterte Oesmann eine Anzeige wegen Körperverletzung ins Haus. Die Geschichte landete bei einem

Richter des Amtsgerichts Altona. Der Richter, so wird Oesmann in lokalen Medien zitiert, sei selbst Fischliebhaber. Was ihm auch nicht weiterhalf: Das Verfahren endete mit einem Vergleich. Oesmann musste dem Opfer 500 Euro zahlen. Der Richter empfahl ihm schließlich, Warnschilder gut sichtbar aufzustellen, denen eben seit Herbst 2012 zu entnehmen ist, dass Fisch Gräten enthalten kann. Für die Beamten der EU scheint dies ein anregender Fall zu sein: Endlich zeichnet sich eine neue Verordnung ab, die nicht den Schreibtischen Brüsseler Juristen entstammt, sondern dem realen Leben. So verwundert es nicht, dass eine Abordnung von EU-Veterinären bereits vor Ort war, um sich ein Bild zu machen. Diese Leute, so noch einmal Oesmann im Zitat, hätten alles untersucht und nichts beanstandet. Wahrscheinlich hätten die Warntafeln die Kontrolleure besänftigt. Bis aus dieser Beobachtung eine Vorschrift für alle wird, ist es vermutlich nur eine Frage der Zeit.

Olivenölkaraffen in Restaurants? Verbieten!

Ein EU-Beamter sitzt in einer Pizzeria und sieht eine Olivenölkaraffe auf dem Tisch. Da gibt es doch Handlungsbedarf! Der Mann hat eine Idee. Doch diesmal haben die EU-Bürokraten die Rechnung ohne den Wirt gemacht.

Schwarze Schafe gibt es überall. Wer garantiert eigentlich, dass ein Gastwirt in seinem nachfüllbaren Olivenölkännchen nicht ein billiges, gar maschinenölverseuchtes Produkt anbietet, um ein paar lumpige Euro zu sparen? Da herrscht erheblicher Kontroll- und Absicherungsbedarf, europaweit, befand der rumänische EU-Agrarkommissar Damian Ciolos und handelte: Ab dem 1. Januar 2014 darf Olivenöl nur noch in einer höchst aufwendig etikettierten Einwegflasche auf den Tisch – egal, ob im Sternerestaurant oder in der Kaschemme gegenüber. Die amtlichen Reglementierer in Brüssel konnten sich auf die Schulter klopfen, schließlich hatten sie damit dem Gaststättengewerbe in Europa einen guten Dienst erwiesen – glaubten sie. Immerhin zeigt der Vorgang in aller Deutlichkeit, wie EU-Beamte denken, empfinden und handeln. Was dann geschah, ist geradezu eine Bedienungsanleitung für einen gelungenen Aufstand. Im Mai 2013 musste Ciolos kleinlaut gestehen, dass es in der europäischen Öffentlichkeit wohl kein Verständnis für seinen Vorstoß geben würde. Er zog die Initiative zurück. Was war geschehen? Als der Sturm der Entrüstung losbrach, habe Ciolos Sprecher »verzweifelt um Verständnis getwittert«, schrieb die *Süddeutsche Zeitung* am 24. Mai 2013. Allen voran argumentierte der britische Premierminister David Cameron, das Verbot nachfüllbarer Olivenölkaraffen sei exakt die Angelegenheit, die in Europa erst gar nicht auf den Tisch gehörte. Außerdem gab es Salven von teils hämischer Kritik seitens diverser Parteien, Medien und Regierungen. Kurz bevor Ciolos mit seinem Karaffenverbot zurückgerudert war, lag sein Papier bei einer europäischen Expertenrunde auf dem Tisch. Die britische Seite hatte sich bei der Abstimmung enthalten, wodurch keine Sperrminorität zustande kam. Also ging das Papier zurück zu der veranlassenden Kommission unter Damian Ciolos – und die musste unter dem Dauerfeuer der Kritik die Initiative zurücknehmen.

Es sei an dieser Stelle erlaubt, den Gedanken des Agrarkommissars weiterzuspinnen. Als Nächstes hätte sich die Kommission den Ausschank von offenem Wein vornehmen können. Wer garantiert eigentlich, dass der Kellner tatsächlich den »Escherndorfer Lump, Silvaner Spätlese« serviert, und nicht insgeheim

»Des Winzers Lieblingströpflein« aus der Zuckerfabrik? Also schlagen wir ein reichlich etikettiertes Einwegglas vor, das so konstruiert ist, dass kein schlechter Charakter etwas Falsches einfüllen kann. Die so geartete Glaskonstruktion sähe zwar durch und durch bescheuert aus, aber der Gast könnte sicher sein, dass drin ist, was draufsteht. Danke, Damian Ciolos.

Von Edelkäse und Käse aus Amtsstuben

Guter Käse muss reifen. Das wissen die Franzosen. Guter Käse muss gleich auf den Tisch. Das wissen deutsche Beamte. Über das daraus resultierende Missverhältnis amüsieren sich nicht nur französische Feinschmecker.

Anton G. war bis vor wenigen Jahren Sommelier in einem Drei-Sterne-Restaurant in Hamburg. Als seine Tochter zur Welt kam, stand er vor der Wahl, seine Aufgabe als Vater oder seinen Beruf zu vernachlässigen. Schließlich entschloss er sich zu einem gewagten Schritt: Er kündigte im Restaurant, zog mit seiner Familie zurück nach Leipzig und eröffnete ein Fachgeschäft für Weine mit angeschlossener Spezialitätenabteilung. Anton G. spezialisierte sich unter anderem auf französischen Käse der Handelsklasse Fermier – das ist eine hohe Herstellungskategorie des Appellation d'Origine Côntrolée für Käsesorten. Hier wird nichts industriell hergestellt, sondern man produziert auf traditionelle Weise: Auf den jeweiligen Bauernhöfen wird Milch von dort gehaltenen Kühen verwendet. Außerdem ist nur Rohmilch zugelassen. Diese Art der Herstellung wird in Frankreich streng überwacht und kontrolliert.

Auch die deutschen Lebensmittelüberwacher kontrollieren streng – über die Art und Weise können Franzosen jedoch nur lachen. Der Spaß für Anton G. hält sich allerdings in Grenzen. »Ausgewählte Parmesan- oder Ziegenkäse sollten drei bis vier Jahre reifen«, erklärt der begeisterungsfähige junge Mann. »Grundvoraussetzung sind eine Luftfeuchtigkeit von 80 Prozent und gleichbleibende Temperaturen in einem Keller.« Seinem Vorsatz, den Gästen optimale Lebensmittel zu servieren, bleibt er unter allen Umständen treu. Bei einem französischen Händler kauft er den Fermier-Käse ein und packt ihn in den Kühlschrank. Guter Käse verhält sich wie ein organisches Lebewesen: Bei stärkerem Reifungsprozess steigen die Temperaturen im Kühlschrank an, bei schwächerem gehen sie zurück. Nun muss Anton G. im Namen der Lebensmittelüberwachung jede Temperaturveränderung im Kühlschrank verfolgen, dokumentieren und begründen: »Das ist ziemlich idiotisch – wenn ich 15 Käse im Schrank liegen habe, ist da ständig etwas los, was mit deutscher Gründlichkeit zu protokollieren ist. Doch wer schläft schon im Kühlschrank!« Außerdem schreibt der französische Käsehändler – In Kenntnis der deutschen Vorschriften – wider besseres Wissen auf jede Käseverpackung »Innerhalb eines Monats aufzubrauchen«. Anton G.: »Die Franzosen lachen uns dafür aus!«

Natürlich umgeht Anton G. das Gesetz, deshalb steht hier auch nicht sein richtiger Name. »Wer mit hochwertigem Käse arbeitet, muss das Produkt sehr gut verstehen und genau wissen, wann welcher Reifegrad erreicht ist«, sagt der Feinkostexperte. »Das bedeutet in der Praxis: Der Käse bleibt unter Umständen deutlich länger im Kühlschrank, als der Gesetzgeber es zulässt.« Als eigenverantwortlicher Unternehmer sei er durchaus in der Lage, den Fermier-Käse zum richtigen Zeitpunkt zu servieren – doch eben diese Eigenverantwortlichkeit sprechen ihm deutsche Verordnungsgeber ab. Also füllt er brav die Dokumentationsformulare aus und handelt so, wie es ihm richtig erscheint –

ebenso wie zahllose andere Inhaber von Feinschmeckerläden in Deutschland, die vom Produkt Käse weit mehr verstehen als Beamte, die über Vorschriften brüten und sich dabei ihre Stullen mit preiswertem Schnittkäse schmecken lassen. Übrigens: Wenn in einem Restaurant der Käse nach Ammoniak schmeckt, ist dies ein Hinweis auf falsche Lagerung. Im Gegensatz zu »totem« Industriekäse lebt Fermier- beziehungsweise Rohmilchkäse, und entwickelt sich weiter. Anton G.: »Es ist traurig, dass man aus Liebe zum Produkt das Gesetz umgehen muss, aber wir haben keine Wahl.«

Arme Schweine und brave Rinder

Ein gestandener Bauer hat einmal ohne Lizenz heimlich geschlachtet. Doch »Big Brother« sieht – und bestraft – alles: Der Landwirt sollte 120 Kilogramm Leberwurst selber aufessen.

Lothar Weber ist gerne Landwirt. Sein Hof steht in der Gemeinde Willmeroth im Landkreis Rhein-Sieg. Früher hatte er auf die Direktvermarktung als Nebenbrot gesetzt: Die Kunden kauften direkt auf dem Hof ein. Da Weber Kartoffeln anbaute, lohnte sich die Schweinehaltung: Der Abfall wurde an die Tiere verfüttert. Eines Tages – seine Schlachtlizenz aus früheren Zeiten war mittlerweile nicht mehr gültig – schlachtete er dennoch mehrere Schweine, um Fleisch und Wurst verkaufen zu können. Dazu hatte er eigens einen Zerkleinerungsraum eingerichtet, in dem er peinlich genau auf Sauberkeit achtete. Als ihn ein missgünstiger Mensch beim Veterinärsamt anschwärzte, begann der Tanz mit den Behörden.

Zunächst kamen zwei Beamte auf einen Überraschungsbesuch vorbei und wollten die Truhen sehen, in denen die zum Verkauf bereite Wurst lagerte. Lothar Weber öffnete den schweren Deckel und zeigte die Pracht: 120 Kilogramm frische Leberwurst sowie Sülze vom Feinsten. Und nun stellten die Amtsträger den Landwirt vor eine Alternative: Entweder würden sie die Wurst mitnehmen (sicher um sie vorschriftsmäßig einer Entsorgung zuzuführen) oder aber Herr Weber müsste die Wurst nachweislich vernichten, vor ihren Augen. Lothar Weber sträubten sich die Nackenhaare. »Niemals hätte ich die Wurst weggeworfen oder sie diesen Herren mitgegeben! Das waren hochwertige Nahrungsmittel!« Blieb die dritte Möglichkeit: »Sie müssen die ganze Wurst selber essen!«, forderte einer der Besucher. »Wie denn, einhundertzwanzig Kilo, vor dem Verfallsdatum?«, fragte Weber ungläubig zurück. »Das ist Ihr Problem«, lautete die lapidare Antwort. Schließlich tat der Landwirt so, als würde er diesen absurden Vorschlag ernsthaft in Erwägung ziehen. Tatsächlich kamen die Herren vom Veterinärsamt noch etliche Male zu Überraschungsbesuchen vorbei. Jedes Mal zählten sie die Würste genau ab, um zu ermitteln, ob die verbleibende Anzahl mit der geschätzten Selbstversorgung in Einklang zu bringen war. Wie der gewitzte Landwirt das Problem schließlich gelöst hat, müssen wir an dieser Stelle nicht näher ausführen.

Lothar Weber könnte Wurst und Fleisch dann ordnungsgemäß verkaufen, wenn er die Tiere in einem EU-genehmigten Schlachthof töten lässt und anschließend selbst verarbeitet. Dazu müsste er laut EU-Vorschrift einen Zerkleinerungsraum sowie einen Wartungs- und einen Verkaufsraum haben. Lothar Weber müsste ein ganzes Haus bauen, um die Tiere gemäß den EU-Normen zu zerlegen. Viele Metzger, die früher selbst schlachten durften, gaben aus solchen Gründen dieses Handwerk auf – wie auch Lothar Weber. Für eine Schlachthalle nach EU-Maßgaben wären Investitionen nötig, die sie nicht aufbringen können. Im Windecker Ländchen haben wir den Hof Windeck gefunden, wo Lisa Anschütz und Karl Josef Groß ein solches EU-genehmigtes Schlachthaus finanziert und realisiert haben. Immerhin vermarkten sie eine Rindersorte, die bei Feinschmeckern begehrt ist: das Glanrind. Es drohte auszusterben, weil gemäß den Marktmechanismen Rinder entweder auf maximale Fleischfülle oder auf extrem hohe Milchleistungen zu züchten sind.

Erst vor einiger Zeit wurde das Glanrind wieder entdeckt. Dessen Züchtungsmethoden entzogen sich jener der Massentierhaltung, die Fleischqualität gilt als vorzüglich, zudem gelten die Tiere als ruhig, handzahm und folgsam – Eigenschaften, die sie von den Vorfahren geerbt haben, den Arbeitsrindern. Insofern entspricht diese Rasse nicht der Norm. Der Schlachthof, den Lisa Anschütz und Karl Josef Groß bauten, musste den strengen EU-Regeln genügen. Dabei war auch vieles reine Auslegungssache. Wenn die Veterinärbeamten vor Ort die EU-Vorgaben kleinlich ausgelegt hätten, wären sie in Teufels Küche gekommen. So aber stört sich Lisa Anschütz weniger an den EU-Vorschriften als an jenen Pingeligkeiten, die auf deutschen Schreibtischen festgeschrieben wurden:»Man darf nur noch Plastikschneidbretter benutzen,« beklagt sich die Landwirtin.»Die werden abgehobelt wie Holzbretter. Wenn ein Metzger in dieses Brett reinschneidet, entstehen Plastikspäne, die sieht man nicht, die wandern ins Fleisch. Holzbretter wären sauberer – und auf Holz werden Keime schneller abgetötet. Aber die Bürokratie weiß es besser, und das setzt sie auch durch.«

Brot und Spiele

Ein gutes Brot braucht Salz. Aber Salz macht krank. Also forderten EU-Kommissionen die Ächtung von Brot mit einem bestimmten Salzgehalt. Kaum besser für die Gesundheit, aber schlechter für den Geschmack. EU-Parlamentarier haben den Regulatoren zum Glück die Suppe versalzen.

Franken ist berühmt für die Vielfalt seiner Brotsorten. Schon Heinrich Heine pries einst die diversen Brot- und Semmelsorten in Würzburg, der Stadt am Main. Nehmen wir an, Heinrich Heine käme noch einmal dorthin – im Jahr 2014. Er steuert die nächste Bäckerei an, bezahlt sein Dinkelbrötchen, beißt hinein und hält entsetzt die Hand mit einer Serviette vor den Mund, damit keiner sieht, dass er die pampige Masse darin verschwinden lässt. Denn das Brötchen schmeckt nach Pappe. Das sei aber gut für Herrn Heine, meinen die Beamten der EU. Brot mit einem schmackhaften Salzgehalt sei ungesund. Für großindustriell hergestelltes Brot sollte eine Kennzeichnungspflicht gelten, denn als »gesund« dürfe ein Brot nur dann bezeichnet werden, wenn es einen Salzgehalt von 1,3 Prozent aufweise. Nach anderen Quellen wollte die Kommission den Salzgehalt auf unter ein Prozent drücken. Das wäre der europäische Einheits-Brotbrei mit dem Geschmack von Papierteig.

Wie viel Salz braucht ein gutes Brot? Eine in Slow-Food-Kreisen (eine Organisation feinschmeckender Konsumenten) hochgelobte Bäckerei finden wir in Remscheid: Es ist der Backbetrieb Evertsberg. Dort lässt man Brotteig und Wasser vor dem Backen 24 Stunden reifen, um den Einsatz von beschleunigenden Chemikalien zu vermeiden. Oliver Platt, Bäckermeister und Produktionsleiter, erläutert: »Wenn ein Brot wirklich gut schmecken soll, verwenden wir für ein Kilogramm Mehl etwa 20 Gramm

Salz.« Ein 500 Gramm schweres Brot enthalte zwischen sechs und zehn Gramm. Die Warner aus Brüssel haben eher die Gesundheit im Blickfeld. Weil die Deutschen nahezu 30 Prozent ihrer täglichen Salzration mittels Backwaren vertilgen, riskieren sie Bluthochdruck und Kreislauferkrankungen – genau davor müssen sie geschützt werden. Die deutschen Bäcker gingen geschlossen auf die Barrikaden, denn unter anderem stand auch ein Werbeverbot für Brote mit mehr als einem Prozent Salzanteil zur Diskussion.

Die Folge: Brot würde überall in Europa gleich schmecken. Darauf sprach Peter Becker, der Präsident des Zentralverbandes des Bäckerhandwerks, von einer »europäischen Geschmackspolizei«. Im EU-Parlament kam es im Sommer 2012 zur entscheidenden Abstimmung. Die Gesundheitswächter mussten eine empfindliche Niederlage einstecken, da ihnen die Parlamentarier nicht folgen wollten: Brot bleibt Brot, in seiner ganzen, manchmal auch salzigen Vielfalt. Auf den nächsten Vorstoß der EU-Beamten dürfen wir gespannt sein. Da wäre der Risikofaktor Alkohol. Vielleicht wird der Wein im französischen Klassiker »Coq au vin« untersagt und durch Bio-Traubensaft ersetzt. Dem französischen Schimmelkäse hatten deutsche Einfuhrbehörden schon vor Jahren die Einreise verweigert und sich damit in französischen Medien der Lächerlichkeit preisgegeben. Denn verschimmelte Waren kommen in Deutschland nicht auf den Tisch, da kann noch so viel auf gesundheitlich unbedenklichen »Edelschimmel« hingewiesen werden. Reisende, die mit türkischem Schafskäse oder russischer Wurst am Zoll erwischt werden, schützt man ebenfalls vor sich selbst – und konfisziert die Ware.

Am Kasernenwesen soll die Welt genesen

Ist das zu fassen: Mitgebrachte Lebensmittel dürfen nicht in einer Kaserne verzehrt werden, obwohl exakt die gleiche Packung dort zum Verzehr ausliegt? Der Gast könnte die Inhaber verklagen.

Der Spruch »Am deutschen Wesen soll die Welt genesen« stammt aus der Kolonialzeit. Der Lyriker und Spätromantiker Emanuel Geibel hat es 1861 in seinem Gedicht »Deutscher Beruf« zu Papier gebracht. Dieser Exportschlager an Empfehlungslust fällt heute erneut fern der Heimat auf fruchtbaren Boden – zum Beispiel in einem Bundeswehrlager in Afghanistan: Die Überreglementierung und das Vorwegnehmen von (noch so aberwitzig konstruierten) Katastrophen findet auch im Ort Mazar-e Scharif statt. So geschehen im April 2012.

Der Journalist und Autor Armin Flesch besucht eine Verpflegungsunterkunft des Bundes. Sein Interesse gilt neuen hygienischen Verfahren, die mittlerweile weltweit angewandt werden: Die Weltgesundheitsorganisation geht davon aus, dass die meisten Infektionsherde durch Berührung mit den Händen übertragen werden. Eine bisher unbekannte Methode soll die Übertragung der Keime weitgehend ausschließen. Armin Flesch betritt einen Kantinen-Container, so groß wie vier Tennisplätze. Seit Tagen trägt er Tropenkleidung, die theoretisch mit allen möglichen Keimen belastet sein könnte. Dennoch darf er in die Kantine mit dieser Kleidung hinein. Aus hygienischen Gründen müssen allerdings alle persönlichen Gepäckstücke wie Rucksäcke oder Laptop-Taschen in einem Vorraum deponiert werden. Das Auftreten des Personals schildert Flesch als höflich, aber bestimmt. Als der Journalist ein Tütchen Kaffeeweißer aus der Tasche zieht, um einen Pott Kaffee zu veredeln, zeigt ihm das Personal die rote Karte: Das Beimischen von mitgebrachten

Nahrungsmitteln sei streng verboten. Nun stammt dieser Kaffeeweißer aus einem Laden auf dem Nachbargelände. Es ist exakt der gleiche Hersteller, der auch in der Kantine geführt wird, mit gültigem Haltbarkeitsdatum. Auf die Frage, warum er die Packung wieder wegstecken muss, erklärt man ihm tatsächlich: »Sie könnten sich den Magen verderben und dann den Kantinenbetreiber haftbar machen!« Außerdem hatte Armin Flesch Matze dabei – ein flaches, ungesäuertes Brot, bestehend nur aus Mehl und Wasser. »Dieses Brot ist furztrocken und praktisch ewig haltbar«, erläutert er. Der Hinweis half nichts. Er musste auch das Brot wieder einpacken. Immerhin wurde ihm großmütig gestattet, den schwarzen Kaffee mit ins Freie zu nehmen und dort seinen Kaffeeweißer in die Tasse zu füllen.

Auch Paragrafen schießen ins Kraut

Landwirte kennen ihre Gemüse und Kräuter im Schlaf. Doch den Beamten im Gesundheitsministerium genügt das nicht, sie verordnen Nachhilfe. Die kostet Zeit und Nerven, ist teuer und vor allem: sinnlos.

Ein Bio-Landwirt aus Belzig (Brandenburg) dachte sich nichts dabei, als er seine Kräuter zerkleinert im Teebeutel verkaufte – schließlich können Landwirte ihre Birkenblätter, ihren Weißdorn, die Malven oder den Löwenzahn bestens unterscheiden, leben sie doch seit jeher vom Handel mit den grünen Produkten. Der Mann hatte nicht mit dem Landesgesundheitsministerium gerechnet. Das spricht ihm jede Kompetenz ab. Mag er auch die Berufsbezeichnung Landwirt rechtmäßig führen, ein Kräuter-Profi ist er nach Ansicht des Ministeriums deswegen noch lange nicht.

Muss er aber sein, wenn er seine Kräuter als Tee verkaufen will. Dafür benötigt der Landwirt eine Arzneimittelerlaubnis, spezielle Räumlichkeiten sowie einen studierten Pharmazeuten, der ihn wie ein Wachhund begleitet. Und überhaupt: Sind Birkenblätter, Spitzwegerich, Weißdornbeeren oder Löwenzahnwurzel eigentlich Kräuter? Auf diese Frage mag weder ein Landwirt noch der Verbraucher kommen – für Behördenvertreter liegt sie nahe.

Also traten Experten zusammen, hochdotierte Spezialisten aus der Lebensmittelüberwachungsbehörde und dem Gesundheitsamt. Vertreter der Landwirtschaft waren freundlicherweise ebenfalls zugelassen. Nach eingehender Begutachtung kam man – wie der Berliner *Tagesspiegel* berichtet – zum Ergebnis: Nur eines von elf Kräutern, nämlich der Spitzwegerich, wurde nicht eindeutig als Arzneimittel eingestuft. Die Experten berufen sich dabei auf zwei EU-Richtlinien, nach denen Kräuter im Zweifelsfall den Arzneimitteln zuzurechnen sind. Den damaligen Staatssekretär Winfried Alber (SPD) mag angesichts dieser pingeligen Vorgänge ein ungutes Gefühl beschlichen haben: Er habe in anderen Bundesländern nachgefragt, ließ er wissen. Das Ergebnis: »Unser Vorgehen entspricht der gängigen Praxis.« Die Geschichte hat einen weiteren Haken: Die verordnete Unmündigkeit des Landwirts zahlt der Verbraucher. Denn dem Kräuter abfüllenden Landwirt muss ein Pharmazeut zur Seite stehen, dessen Lohnkosten trägt der Teekäufer natürlich mit. Ein Landwirt, der seine Inkompetenz in Sachen Kräuter vom Landesgesundheitsministerium attestiert bekommt, kann sein Wissen rasch verbessern; etwa durch die Qualifizierung zum Kräuterexperten in einem regionalen Zentrum für Kräuterpädagogik in Berlin-Brandenburg. Nach bestandenem Abschluss trägt der Absolvent den schönen Titel »Fachkraft für Kräuter- und Gewürzkunde«, von der IHK anerkannt. Die Seminargebühr beträgt über 2 000 Euro – inklusive Mehrwertsteuer.

Formularkrieg im Spezialitätenladen

Die Inhaberin eines Spezialitätenladens würde Öl aus Kreta auch gern als Öl aus Kreta verkaufen. Das lässt sie besser sein – sonst mahlen die Mühlen der Bürokratie.

Nadja Dahlen konnte sich schon als Kind für Leckereien begeistern. In Oldenburg ist sie stolze Inhaberin eines Spezialitätenladens. Ihre Regale sind voll mit edlen Weinen und Bränden, Gläsern mit Würzmischungen und Glaskrügen mit diversen Speiseölen, die sich ihre Kunden selbst abfüllen können. Die kleinen Gläschen, die der Kunde mitbringt oder kauft, werden von Hand beschriftet. Natürlich würde uns als Käufer interessieren, aus welchem Land das Olivenöl stammt. Doch genau diese Aufschrift fürchtet Nadja Dahlen (Name geändert) wie der Teufel das Weihwasser. Sobald sie »Olivenöl aus Kreta« auf das Fläschchen schreibt, gilt sie als »olivenölabfüllender Betrieb«. So will es die EU. Und dann wird es aufwendig: In diesem Fall ist ein Formblatt auszufüllen, aus dem hervorgeht, welche Verkäuferin an dem Vorgang beteiligt war, was und wie viel verkauft wurde und um wie viel Uhr der Verkauf erfolgte. Also hat sie das Öl aus Kreta »Kreto« getauft. Das ist erlaubt. Nadja Dahlen fand die Überreglementierung seit jeher reichlich kurios. Vor fast 20 Jahren besaß sie ein Spezialitätengeschäft von 50 Quadratmetern Größe, dazu gehörten Lager und Toilettenraum. Die Lebensmittelkontrolleure hatten sie seinerzeit eindringlich ermahnt, nach dem Niesen die Hände zu waschen, keine Hunde zu streicheln – und wenn doch, die Hände gründlich zu reinigen und jeden Handstreich zu dokumentieren: »Man kommt sich absolut entmündigt vor, als sei man ein schwer erziehbarer Jugendlicher, dem jede Kompetenz abgesprochen wird. Das hat sich seit damals nicht geändert.«

Ein Öko-Koch beseitigt Fett –
und bekommt sein Fett ab

Ein vegetarisches Spitzenrestaurant entsorgt Bio-Fett rückstandslos.
Das kann der Koch beweisen. Glauben wir nicht, sagt eine Behörde –
und macht Ärger.

»Gefüllte Auberginen mit Zitronenjoghurt und Kräuter-Bulgur« –
»Italienische Gemüsefrittata mit Estragon-Möhren und rotem
Pesto« – »Hauchdünne Kartoffelscheiben in gewürzter Knob-
lauchsahne gebacken, gratiniert mit Mozzarella, katalanischer
Tomatencreme und Pesto«. Schon die Lektüre der Speisekarte
weckt ungebremsten Appetit. Wenn man Kritikern glauben
darf, ist das »Radieschen« in Darmstadt eines der besten ve-
getarischen Lokale in Deutschland. Wer hier speist, vermisst
weder Wild, Schwein noch Rind. Inhaber Norbert Walter gilt
nicht nur als großartiger Küchenchef, sondern auch als ein
Öko-Vordenker, der Lebensmitteln, Gesundheit und Natur eine
besondere Verantwortung entgegenbringt. Ausgerechnet dieser
Mann geriet in die Fänge der kommunalen Umweltbürokraten.
Gekocht wird weder mit Butter noch mit Schmalz – hochwerti-
ges Olivenöl sowie gelegentlich Sonnenblumenöl kommen zum
Einsatz, sowie ungehärtete Pflanzenfette. Auf der Karte finden
sich weder Pommes noch Schnitzel noch andere Produkte, die
einen hohen Verbrauch von Fetten voraussetzen. Auch zum Frit-
tieren wird ausschließlich Olivenöl verwendet. Dies fließt nach
Gebrauch nicht in die Kanalisation, sondern wird nachweislich
zu 100 Prozent von der Firma »Niederrheinische Fettschmelze
GmbH« entsorgt und Biosprit zugeführt. »Bleibt das Öl, mit
dem gekocht wird – das beseitigen unsere Gäste, in dem sie
es aufessen«, erklärt Walter. Doch ein Lokal wie seines kommt
in den Schubladen der Behörden nicht vor. Und so forderte ihn

eine kommunale Umweltbehörde auf, einen Fettabscheider einzubauen. »Vollkommener Unfug«, befindet Norbert Walter. »Ich war ja bereit, durch einen Sachverständigen nachzuweisen, dass kein Fett in den Abfluss gerät.« Der Abscheider sollte 6 000 Euro kosten. Schließlich war Walter damit einverstanden, dass die Behörde Proben aus dem Kanalnetz nahm. Er staunte nicht schlecht, als man ihm mitteilte, was eine solche Probeentnahme kosten würde: 6 000 Euro. Die Beamten haben argumentiert, dass mit hohem Personalaufwand wöchentlich geprüft werden müsse, das treibe die Kosten hoch«, erinnert Walter sich. Tatsächlich aber stehe ein System hinter dem Angebot, und genau dem widersetzt er sich: »Ich wehre mich ja nicht gegen die Proben – aber hier wird unangebracht bürokratischer Druck ausgeübt.« Norbert Walter sieht dem angedrohten Bußgeld gelassen entgegen, ebenso einem möglichen Prozess. »Ich freue mich sogar, denn wir brauchen Klarheit. Und die besteht nicht darin, den Kopf in den Sand zu stecken!«

Ostern? Ach du dickes Ei!

Ein Apotheker bot an Ostern absolut ungefährliche Farben zum Eierfärben an. Das rief die Lebensmittelpolizei auf den Plan. Als sich die Staatsanwaltschaft einschaltete, geriet der Fall zur öffentlichen Lachnummer.

Lebensmittelfarben sind in der Liste der Lebensmittel-Farbstoffe nicht aufgeführt. Dennoch sind sie im Gegensatz zu manchen Konservierungsstoffen in unseren Konserven absolut ungefährlich. In Apotheken dürfen diese Stoffe verkauft werden, weil sie im deutschen Arzneibuch ausdrücklich zugelassen sind. Sobald allerdings »Zum Färben« darauf steht, ist der Verkauf aus formalen Gründen verboten. Dies ist kein Einzelfall. Ein absolut identisch hergestelltes Produkt ist verschreibungspflichtig, wenn auf dem Beipackzettel »Zur Verflüssigung des Schleims« zu lesen ist. Heißt es aber »Sekretolytische Therapie«, ist es nicht verschreibungspflichtig.

Weil der Würzburger Apotheker Rolf Schindler die Aufschrift »Zum Färben von Ostereiern« verwendete, wurden die Farben von einem eifrigen Lebensmittelkontrolleur konfisziert. Das war der Anfang eines zermürbenden und teuren Kampfes gegen die Bürokratie: Zunächst erhielt Schindler ein Protokoll über die Probeentnahme. »Zwei Päckchen Rot- bzw. Braunholz zum Eierfärben« stand da zu lesen. Die Entnahme wurde an das Landesuntersuchungsamt für Gesundheitswesen in Erlangen mit der Bitte gesendet, die Farbe auf Bestandteile von Krappwurzel zu untersuchen. Dies geschah in aller Ausführlichkeit. Daraufhin sollte der Apotheker behördlich vernommen werden, allerdings verweigerte er die Aussage. »Ich bin mir keiner Schuld bewusst«, zitiert die Vernehmungsniederschrift Rolf Schindler. Daraufhin schaltete sich die Staatsanwaltschaft Würzburg ein. Er sollte damals 500 D-Mark Strafe zahlen. Da sich Schindler weigerte, wurde er von einem Rechtsanwaltsbüro aufgefordert, den Nachweis zu erbringen, dass er die Substanzen der Stoffe (Sandelholz) auch als Arzneimittel verkaufen dürfe. Darauf schaltete sich das bayerische Innenministerium ein. Der damalige Innenstaatssekretär Günter Beckstein ließ wissen: Auf Ostereier müsse niemand verzichten, die Farbstoffe seien gesundheitlich harmlos. Nur bestimmte Substanzen könnten unter Umständen bedenklich sein.

Nachdem der »Fall Schindler« eine ganze Latte von Behörden und Kanzleien bestens beschäftigt hatte, setzte die Anwaltskanzlei Waldhorn und Greiner dem traurigen Spiel ein Ende.

Die von Schindler verkauften Stoffe seien allesamt natürlicher Herkunft, es liege also kein tatbestandsmäßiges Handeln vor. Daher wurde angeregt, das Verfahren einzustellen, was gegen eine geringe Gebühr auch geschah. Doch Rolf Schindler war ein gebranntes Kind. Fortan deklarierte er seine Ostereierfarben mit dem Hinweis »Nur für den Export«. Käufer schicken demnach die erworbenen Farben seither zu Tante Erika nach Amerika, die das Päckchen an den Absender zurückschickt. Per Einschreiben, versteht sich.

Wie man Feinschmeckern in die Suppe spuckt

Inhaber von Feinschmeckerläden sind in aller Regel neugierig und begeisterungsfähig – unabdingbar, wenn man in diesem Metier Erfolg haben will. Nach ersten Erfahrungen mit Behörden und Kammern schlägt die Begeisterung ins Gegenteil um.

Johanna Dohle-Laghdir, eine gestandene Unternehmerin, mühte sich vor drei Herren des Prüfungsausschusses der IHK Köln wie ein dummes Schulmädchen ab. In der mündlichen Prüfung sollte sie beweisen, dass sie imstande war, junge Leute auszubilden. Also tat sie, was in ihrem Spezialitätengeschäft alltäglich zu leisten ist: Sie stand vor einer Herdplatte, röstete Gewürze und erklärte ihre einzelnen Schritte. Einer der Herren spielte den Auszubildenden und hörte besonders aufmerksam zu. Johanna Dohle-Laghdir warf die Heizplatte an, Dampf stieg hoch, der Duft der Gewürze erfüllte den Raum. Nachdem der Vorgang des Anröstens abgeschlossen war, hagelte es Kritik: »Sie haben vergessen, darauf hinzuweisen, dass die Heizplatte heiß ist. Ein Auszubildender könnte sich daran verbrennen.« »Ich spürte, wie die kalte Wut in mir hochstieg«, erinnert sich Johanna Dohle-Lagdhir heute. »Eine Herablassung ohnegleichen. Ich zahlte für diese Prüfung 700 Euro und kam mir vor wie eine unmündige Zicke. Dass ich mir in meinem Alter so etwas bieten lassen muss.« Bestanden hat sie die Prüfung dennoch.

Die Leidenschaft für das Kulinarische packte sie bereits als Kind. Die Mutter war eine hervorragende Köchin, doch Johanna spezialisierte sich in frühen Jahren auf exotische Gewürze. Immer wieder lud sie ihre Freunde zu Gastmahlen ein. In der Mitte des Lebens kündigte sie ihren Beruf als Journalistin und folgte ihrer Berufung: Sie eröffnete den Laden »Zimt und Rosen«. Bis heute erfindet sie stets neue Gewürzkombinationen, und bis heute bringt sie eines zur Weißglut: die Gängelung und Überreglementierung durch Lebensmittelüberwacher und Berufsgenossenschaften. Johanna Dohle-Laghdir holt einen dicken, weißen Ordner aus ihrem Büro und beginnt zu blättern. Sie zeigt ein Formular, das die Aufschrift »Reinigungs- und Desinfektionsplan« trägt, ausgehändigt durch die Stadt Köln, Umwelt- und Verbraucherschutzamt, Lebensmittelüberwachung. Ihre Augen blitzen zornig. »Ich weiß sehr genau, wie meine Küche auszusehen hat«, regt sie sich auf. »Es ist hinterher genauso sauber wie vorher. Aber mir wird von Amts wegen unterstellt, dass es hier aussehen könnte wie Kraut und Rüben!« Wir betrachten das Formular genauer. »Beispiel für einen Reinigungs- und Desinfektionsplan« steht da geschrieben. Auf der linken Seite ist alles aufgeführt, was Schmutz enthalten könnte: Türen, Böden, Lebensmittelbehälter, Sozialräume und vieles mehr. In der mittleren Spalte steht, wie oft gereinigt werden muss und dass der Mülleimer täglich zu leeren ist. In der rechten Spalte findet sich dasselbe für den Anwendungsbereich der Desinfektion. »Wissen Sie, wie man sich da vorkommt?«, fragt die energische Frau. Doch die Herren vom Amt setzten noch eines drauf: Nach den Lebensmittelüberwachern rückte die Berufsgenossenschaft an. Die bestanden auf einer Schulung der Mitarbeiter. Unter anderem sollte die Belegschaft darauf hingewiesen werden, dass man auf Stühlen nicht nur sitzen, sondern auch darüber stolpern kann. Auch darauf, dass eine erhitzte Pfanne heiß werden und man sich daran die Finger verbrennen kann. »Damals ist mir der Kragen geplatzt«, erinnert sich die Ladenbesitzerin. »Ich habe diese Leute darauf hingewiesen, dass wir von früh bis spät damit beschäftigt sind, hart zu arbeiten. Und nun sollte ich Stunden damit verbringen, meine Leute zu entmündigen und sinnlose Formulare auszufüllen!« Doch das Ende der Fahnenstange war noch nicht erreicht. Schließlich erhielt sie eine Auflage der Lebensmittelüberwachung, die ihr weitere Schreibarbeit bescherte: Sie hat nun einen Reinigungsnachweis laut Reinigungsplan zu erbringen. Folgende Rubriken sind darin auszufüllen: Was wurde gereinigt? Wann? Wie wurde gereinigt? Womit? Wer (verantwortliche Person)? Schließlich ist alles mit einer Unterschrift zu besiegeln. »Das ist in der Praxis einfach nicht zu leisten,« kommentiert Johanna aufgebracht. »Der ganze Betrieb hier blitzt vor Sauberkeit. Aber ich gebe öffentlich und ehrlich zu: Beim Ausfüllen dieser Formulare tricksen wir, wie alle anderen Gegängelten auch. Wir haben Wichtigeres zu tun.« Die Beamten würden einem erwachsenen Menschen unterstellen, dass er nicht klar denken kann: »Diese übertriebene Vorsicht macht die Leute kaputt!« Schließlich erinnert sie sich an den Besuch eines besonders akribischen Lebensmittelkontrolleurs, der sich den Küchenboden genauer ansah. Als es nichts zu beanstanden gab, zog der Mann seinen Schlüssel aus der Tasche und begann, auf dem Boden herumzukratzen, um zu beweisen, dass sich kleine Teile von Kacheln oder Beton loslösten.

Johanna Dohle-Laghdir sitzt in der Mitte ihres Verkaufsladens, wo in den Regalen exotische Köstlichkeiten auf die genussliebende Kundschaft warten: Hähnchenbeine in Honig und Ingwersauce, orientalische Leckereien und Salate. In den Regalen stehen Gewürzmischungen und ausgesuchte Kochbücher. Angesichts dessen erinnert sie sich an ein Ereignis, das erst wenige Wochen zurückliegt: Eine Schule hatte ihr Catering gebucht. Doch mit Hühnchen in Honig und Ingwer konnten die Kinder nichts anfangen. Ein großer Teil der Speisen kam wieder zurück. Johanna Dohle-Laghdir wollte sie daraufhin der Sozialeinrichtung »Die Tafel« zur Verfügung stellen – die lehnte allerdings dankend ab. Verarbeitete Lebensmittel dürfen nicht angenommen werden: Man weiß ja nicht, was drin ist.

Es geht um die Wurst

Der Appetit mag einem vergehen, wenn man hört, dass sich der Europäische Gerichtshof mit der Besteuerung einer Bratwurst befasst. Und was hat das mit dem an einem Imbissstand angebrachten Brett zu tun?

Der Inhaber eines Lehrter Imbissstandes ahnte nichts Gutes, als Finanzbeamte seine Bude in Augenschein nahmen. Seine Bratwürste verkauften sich bislang gut, regulär versteuert hatte er sie auch – alles gut, dachte er. Doch die Herren vom Amt interessierten sich weder für Quittungen noch für Steuersätze. Sie guckten den Stand ganz genau an und entdeckten, dass die Bude von einem 50 Zentimeter breiten Brett (man hat nachgemessen!) umrandet war. Außerdem befanden sich die Kunden dank eines Klappdachs auch bei Regen im Trockenen. Und schließlich stand da noch eine Art Klapptisch herum. Daraus schlossen die Beamten messerscharf: Hier werden nicht nur Nahrungsmittel verkauft, sondern Dienstleistungen angeboten. Das ist tatsächlich ein Unterschied: Ersteres ist mit sieben Prozent zu versteuern, Letzteres mit 19 Prozent. Demnach sah sich der Imbissbuden-Betreiber mit einer gesalzenen Nachzahlungsforderung konfrontiert. Doch damit fand er sich nicht ab, sondern ersuchte ein Finanzgericht um Hilfe – und bekam Recht. Denn der Budenbetreiber bietet die Ablage für »Direktverzehrer« zwar an, doch der Kunde allein entscheidet, ob er sich die Wurst vor Ort schmecken lässt oder sie zu Hause verzehrt. Das zuständige Finanzamt blieb hart wie eine Salami. Man wendete sich an den Bundesfinanzhof, und der hängte die Wurst noch höher. Schließlich galt es, eine europaweit relevante Lösung für solch verzwickte Fälle zu finden. Natürlich landete der Fall vor dem Gerichtshof der EU. Verhandelt wurde folgende Frage: Gilt eine Bratwurst innerhalb der EU überhaupt als ein Nahrungsmittel »zum Mitnehmen«? Wenn es um die Wurst geht, haben EU-Juristen garantiert nichts Besseres zu tun. Schließlich gelangte man zu einem Urteil: Im konkreten Fall ist die Bratwurst lediglich mit sieben Prozent Steuern zu belegen, da »solche behelfsmäßigen Vorrichtungen nur einen geringfügigen personellen Einsatz erfordern«.

Auch für Vereine geht es fiskalisch um die Wurst. Sobald beim Vereinsfest Würstchen verkauft werden, handelt es sich um eine steuerpflichtige Leistung. Dann nämlich handelt der Verein als Unternehmer gegen Entgelt. Unter bestimmten Voraussetzungen ist dann eine Umsatzsteuer fällig. Was ist eine Essenslieferung und was eine »Restaurationsleistung« – wie beim Imbissbetreiber geht es auch hier allein um diese Frage. Der ermäßigte Steuersatz von sieben Prozent fällt an, wenn »behelfsmäßige Verzehrvorrichtungen« vorzufinden sind. Stellt man aber selbst Klapptische und Stühle hinzu, sind 19 Prozent fällig. Dies hat unter Umständen Folgen. Denn was passiert, wenn das Finanzamt behauptet, dass da ein Klapptisch auf dem

Vereinsgelände stand? Der Neunkirchener Rechtsanwalt Patrick R. Nessler ist Spezialist unter anderem für Vereinsrecht und Vereinssteuerrecht. Um sich in solchen Fällen gegen Finanzämter abzusichern, empfiehlt er, während der Veranstaltung Fotos anzufertigen. Damit lässt sich beweisen, dass tatsächlich nur »behelfsmäßige Verzehrvorrichtungen« im Spiel waren. Bei Vereinen wird ohnehin viel fotografiert – etwa bei Ehrungen. Da stehen die Herrschaften schön aufgereiht wie Bretter eines Gartenzauns, und unter dem Foto in der Lokalzeitung steht: »Es freuen sich von links nach rechts ...« Wenn künftig bei Vereinsfesten jemand mit gezückter Digitalkamera unterwegs ist, dürfen wir annehmen, dass er seinen Verein gegen die Finanzämter munitioniert.

Dieser Wein darf gar nicht sein

Winzer sind in aller Regel Profis. Sie wissen, welche Anbaumethode die beste ist. Doch Behördenvertreter wissen es besser – sie müssen sich nach einem Gesetz richten, das von der Realität im Weinberg meilenweit entfernt ist.

Ulrich Stein zählt zu den Menschen, die ihre Berufung zum Beruf gemacht haben: Er ist Winzer aus Leidenschaft. Gelernt hat er sein Handwerk in einer klassischen Weinbauschule, einer Fachhochschule und der Bundesanstalt für Rebenzüchtung. In Alf an der Mosel führt er zusammen mit seinem Bruder Peter den Weinbaubetrieb seiner Eltern fort. Stein hat sein Handwerkszeug als Winzer also gelernt – im Gegensatz zu jenen, die den Weinbau über eine Ansammlung von Paragrafen kennen.

Genau diese Beamten schreiben ihm vor, was er wie auszubauen hat. Dagegen kämpft der Reben-Rebell an – mit einem ersten großen Erfolg für die deutschen Weinbauern. Ausgerechnet die EU verhalf ihm zum Sieg.

Das Haus Waldfrieden befindet sich auf einer sanften Anhöhe mit Blick auf den Fluss. Seit den 1980er-Jahren werden in dem alten Gemäuer kulturelle Veranstaltungen und Weinproben durchgeführt – auch wegen der schönen Lage inmitten von Weinbergen ein idealer Ort dafür. Der Stein des Anstoßes liegt allerdings im Weingut, einige Etagen tiefer. Bei unserem Besuch dort führt Ulrich Stein uns durch den Gewölbekeller, an dessen Ende sich die Schatzkammer befindet. Mit einer fast andächtigen Bewegung angelt Stein eine Flasche aus dem Regal. Das vergilbte Etikett war einmal golden. Der Winzer entfernt eine jahrzehntealte Staubschicht, und nun wird die Beschriftung sichtbar: »1970er Zeller Kapertchen«. Außerdem taucht der Schriftzug »Strohwein« auf. In Deutschland ist dieser Begriff anders als in den Nachbarländern Österreich, Italien und Frankreich mittlerweile so gut wie vergessen. Vor einem halben Jahrhundert war das noch anders. »Strohwein« hieß auch in Deutschland jener Wein, dessen Herstellung bereits 1820 in dem Werk »Der vollständige Weinkellermeister« beschrieben wird: Die Trauben werden in geschlossenen Räumen auf Stroh gelagert. Dadurch wird Wasser entzogen und die Inhaltsstoffe erfahren eine beträchtliche Konzentration. Das Verfahren gilt als absolut hygienisch, das Ergebnis ist eine kleine Sensation für den Gaumen. Von einer »edelsüßen Spezialität« war einst die Rede. Vor 50 Jahren hätte kein Winzer geglaubt, dass dieses traditionelle Verfahren irgendwann den Paragrafen zum Opfer fallen würde. Doch 1971 war es so weit. In der novellierten Fassung des Weingesetzes vertrat die staatliche Weinüberwachung die Auffassung, dass die Strohweinherstellung unzulässig sei, weil man gerade den Wein »neu erfunden« hatte: Es handle sich

um ein Getränk, das ausschließlich aus frischen Trauben hergestellt sei – was man von Trauben, die auf Stroh trockneten, nicht
eben behaupten könne. »Das ist eine glatte, bürokratische Bevormundung«, schimpfte der biologisch versierte Stein schon
Ende der 1990er-Jahre. Die besondere Ironie der Geschichte:
Der Wein, den Ulrich Stein eben aus dem Regal zog, erhielt noch
1973 eine amtliche, staatliche Medaille wegen seiner hervor-
ragenden Qualität. Dabei war die Herstellung von Strohwein
schon zwei Jahre zuvor verboten worden – allerdings nur in
Deutschland. Schließlich zog Stein vor die Zweite Kammer des
Trierer Verwaltungsgerichts, um für den Strohwein eine Lanze
zu brechen. Der Kampf war vergeblich. Die Richter verwiesen
auf das Weingesetz. Danach wäre ein Schrumpeln der Trauben
am Rebstock erlaubt (»Beerenauslese«), ein Schrumpeln auf
Stroh dagegen verboten. Stein ließ nicht locker und sprach beim
Koblenzer Oberverwaltungsgericht vor. Wieder unterlag er der
Auslegung der Richter.

Doch am Ende konnte Winzer Stein doch noch triumphie-
ren – ausgerechnet mit Hilfe der Europäischen Kommission. Im
Jahr 2008 schließlich durften im Weingut im Alf die Sektkorken
knallen: Die Europäische Union hatte ihm Recht gegeben, sein
Anliegen fand ihren Niederschlag in der EU-Weinmarktverord-
nung vom 29. April 2008. Darin ist eine neue (aber im Grunde
uralte) Kategorie für »Wein aus eingetrockneten Trauben«
zugelassen. Dieser besteht »aus solchen Trauben ..., denen
durch Lagerung in der Sonne oder im Schatten teilweise
Wasser entzogen wurde«. Diese klärende Verordnung erlaubt
seit 2009 deutschen Winzern wieder die Herstellung von
Strohwein. Gleichzeitig wurde von ministerieller Seite darauf
verwiesen, dass Strohwein zwar hergestellt, aber nicht als
solcher bezeichnet werden darf. Also meidet Ulrich Stein den
Begriff – zumindest auf den Weinetiketten – wie der Teufel das
Weihwasser. Schließlich will er keinen Ärger mit den Behörden.

Ein Schlupfloch tat sich auch hier auf: Spricht man »Strohwein« in der an der Mosel gepflegten Mundart aus, dann klingt das wie »Striehween«. Stein: »Wir haben uns diese Bezeichnung umgehend beim Deutschen Patentamt schützen lassen.« Bleibt ein Kuriosum nachzutragen. Wem die Geschichte vorkommt wie eine Folge aus einer lustigen amerikanischen Fernsehserie, liegt nicht so ganz falsch. Tatsächlich wurde die Ortstafel von Alf (Mosel) mehrfach gestohlen, als die gleichnamige TV-Serie Kultcharakter erreichte. Darauf bot die Gemeinde Alf ganz offiziell den Kauf von Ortsschildern an – samt Gemeindestempel und Unterschrift des Bürgermeisters. Die vorgesetzten Kreisbehörden haben davon offensichtlich keinen Wind bekommen. Vermutlich wären sie sonst sofort eingeschritten.

Papiersammelwut bei Behörden und Beamten

Papiersammelwut:
Die Statik packt es nicht mehr

Bauakten sind immens wichtig. Falls ein Haus wackelt, wird der Schuldige in den Akten gesucht. Nur in Langenargen wackelt ein Haus, weil es der Last der Bauakten nicht mehr Stand hält.

Bauverordnungen sind ein Fass ohne Boden. Ständig neue Umweltauflagen, Sicherheitsbestimmungen und Brandschutzvorkehrungen erreichen vor allem eines: Bauen wird schier unbezahlbar und rechtlich immer schwieriger. Falls etwas schiefgeht, beginnt die Suche nach den Schuldigen – und zwar in den Bauakten, die sich stetig anhäufen. In den Rathäusern stöhnen die Beamten unter der Last; in Langenargen am Bodensee stöhnt mittlerweile die Statik des Rathauses. Denn das 500 Jahre alte Fachwerkhaus trägt seit 150 Jahren auch die Bauakten der Kommune, die liegen in einem Dutzend drei Tonnen schwerer Büroschränke. Und diese drücken auf die Statik, vorzugsweise auf das alte Gebälk, das sich seit 2011 mehr und mehr verbiegt. In den Obergeschossen, berichten Besucher, knarrt und knarzt der Fußboden rund um die Uhr, nun haben sich auch noch die Außenwände verzogen. Direkt unter den Aktenbergen befindet sich das Büro des Bürgermeisters, der förmlich dreimal auf Holz klopfen kann, dass ihm bisher die Aktenordner noch nicht um die Ohren geflogen sind. Immerhin zeigt der Fall Langenargen: Bauakten können das Gegenteil ihres Zwecks bewirken, nämlich die Destabilisierung von Verwaltungsgebäuden. Nachdem in der historischen Fassade immer mehr Risse aufgetaucht sind, sollen die Aktenberge teilweise ausgelagert und digitalisiert werden – vermutlich in einer Räumlichkeit, die darauf ausgelegt ist, zahllose neue Verordnungen und Auflagen der kommenden Generationen aufzunehmen. Zu diesem Vorgang wurde ein

Papier erstellt. Es trägt das Aktenzeichen 881.001 und den Titel »Risseschäden im Rathaus Langenargen durch Überlastung der bestehenden Holzkonstruktion«. Wohin damit? Das Papier wurde erst einmal zu den Akten genommen.

Jahrhundertflut und Papierwelle

Als im Sommer 2013 die Elbe über die Ufer stieg, verloren viele Menschen ihren gesamten Hausrat. Die Kanzlerin versprach schnelle, unbürokratische Hilfe. Doch Bürokraten war die rechtliche Absicherung offenkundig wichtiger.

Fischbeck bei Stendal, im Juni 2013. Gewaltige Detonationen werfen im Hochwasser der Elbe hohe Wellen auf. Der Deich war auf 20 Metern Breite gebrochen, der Ort ist überflutet. Zwei Lastkähne, deren Böden gesprengt wurden, sinken auf den Grund – und verschließen damit weitgehend die Lücke im Deich. Von nun an dringt nur noch wenig Wasser in den geschundenen Ort. An den nackten Wänden zahlreicher Wohnhäuser kriecht der Schimmel hoch, während das gesamte Hab und Gut unbrauchbar geworden ist. Haushohe Berge von Sperrmüll liegen auf den Straßen. Vielen Bewohnern ist nur geblieben, was sie am Leib tragen. Dutzende von toten Rindern und Pferden treiben im Wasser und verursachen unerträglichen Gestank. Die Menschen sind mit ihren Nerven am Ende. Die Bundeskanzlerin – sie war persönlich in Fischbeck – verspricht schnelle Hilfe.
Doch die Betroffenen wissen noch nicht, dass eine zweite Welle der Prüfung auf sie zukommt: Die Bürokraten tüfteln an einem System, welches das Versprechen der Kanzlerin fanta-

siereich unterläuft und die Opfer, nicht nur in Fischbeck, zur Weißglut treibt.

In zahllosen Katastrophenfällen versprachen politisch Verantwortliche bereits rasches Handeln. Diese Versprechen wurden nur in einer Hinsicht eingehalten: Die Handlungen der Bürokraten liefen letztlich auf eine Verhöhnung der Opfer hinaus. In Fischbeck warteten die Anwohner auf die versprochenen 2 000 Euro für jeden Hausbesitzer monatelang vergeblich, auch auf jede andere staatliche Hilfe, obwohl Bund und Länder einen gemeinsamen Fonds geschaffen hatten. Die Flutopfer sollten bis zu 80 Prozent ihrer Verluste entschädigt bekommen, maximal 100 000 Euro, in Ausnahmefällen 200 000 Euro. So stand es auf dem Papier. Aber was passiert, wenn ein Betrüger Gelder beantragt, obwohl er von der Flut nicht geschädigt worden ist? Diese Frage ließ eifrigen Behördenvertretern keine Ruhe. Sie setzten die Messlatte, die zur Auszahlung der Gelder führte, so hoch an, dass den Opfern häufig nur eines blieb: Resignation. Der 2,4 Milliarden Euro umfassende Hilfsfonds allein für Sachsen-Anhalt warf in der Zwischenzeit gute Zinsen ab. »Ich fange bei null an«, erklärt ein Mechaniker, der sein Haus in Fischbeck verloren hat. Nun lebt er in einer Ferienwohnung in Tangermünde. Der Mann lässt sich von Team einer Bank beraten, im Zuge dessen ist ein zwanzigseitiger Antrag auszufüllen. »Praktisch funktioniert das ganze System nicht«, lautet sein Resümee. Bereits am frühen Morgen ist er als einer der Ersten in der Beratungsstelle eingetroffen, um Fragen zu stellen: Was kann ich tun, wenn Handwerker keine Voranschläge abgeben, wann komme ich an mein Geld, wie finde ich einen Baugutachter? Gegen Mittag war er so ratlos wie zuvor, denn die Beratenden wollen sich juristisch nicht festlegen. Besonders ältere Menschen teilen diese Ratlosigkeit. Denn in den Überschwemmungsgebieten ist es praktisch so gut wie ausgeschlossen, einen Gutachter zu finden – die sind rund um die Uhr beschäftigt. Hier beginnt das Problem und der Leidensweg für Betroffene: Jedes Flutopfer muss für die Aufträge mindestens drei Angebote einholen – und zwar von Heizungstechnikern, Elektrikern, Installateuren, Tapezierern und vielen anderen. Die Betriebe sind allerdings auf lange Zeit ausgebucht und in aller Regel nicht bereit, Kostenvoranschläge abzugeben. »Es kommt noch schlimmer«, erzählt uns einer der an Verfahrensfragen Beteiligten, der aufgrund seiner staatlichen Vereidigung anonym bleiben will. »Es gibt Betriebe, die jetzt für jeden Kostenvoranschlag stolze 300 Euro verlangen, um sich die Aufträge vom Hals zu halten, denen sie gar nicht nachkommen können.« Leidtragende sind allein die Flutopfer, die zunächst leer ausgehen. Gewerbetreibende trifft es besonders hart: Sie müssen den Anträgen zwei Gutachten beifügen sowie Stellungnahmen ihrer Bank, ihrer Versicherung und des Steuerberaters. Geld bekommt nur, wer seine Reparaturen vorfinanziert. Wer die dafür nötigen Summen nicht auftreiben kann, hat Pech.

»Man hätte den Leuten viel ersparen können, wenn man etwas unbürokratischer herangegangen wäre«, meint unser Informant. Sein Vorschlag: Aus jahrelanger Erfahrung hätte er die betroffenen Häuser in Augenschein genommen und die Schäden geschätzt – im Schnitt auf etwa 70 000 Euro. Auf dieser Grundlage wären erste Hilfen schnell und unbürokratisch ausgezahlt worden. Später hätte ein Gutachten diese Schätzung belegen können. Erst Monate nach dem Hochwasser haben offizielle Stellen diesen Vorschlag angenommen. Die Welle der Solidarität, die während des Hochwassers noch unter den Opfern herrschte, ist von Neid, Missgunst und Wut abgelöst worden. Doch die Bürokraten setzten im Spätsommer 2013 noch eins drauf: Nachdem eine Vorabsumme mit der Investitionsbank Sachsen-Anhalt (IB) abgesprochen und auch bestätigt worden war, erhielt einer der Sachverständigen (nach der dritten Abgabe der Schadenssumme) einen Anruf von der IB. Tenor: So einfach ginge das nicht. Der Gutachter müsse die einzelnen »Gewerke«

(etwa Maurer-, Putz-, Betonarbeiten) mit den jeweiligen Summen benennen. Später kam ein weiterer Anruf: Vor der Auszahlung müsse ein komplettes Gutachten vorgelegt werden. Damit waren alle Bemühungen, den Opfern schnell und unbürokratisch zu helfen, umsonst. Der Sachverständige urteilte damals: »Das ist eine Hinhaltetaktik bis zur Bundestagswahl! Für die Betroffenen wird alles noch schlimmer. Was sollen die Leute denken, die vergeblich auf ihr Geld warten, wenn andere EU-Staaten das Geld hinterhergeworfen bekommen?«

Vom Schlafen in fahrzeugähnlichen Objekten

Man könnte meinen, die gründlichen Deutschen seien in Sachen Überreglementierung Weltmeister. Doch ein Blick ins Nachbarland Schweiz belegt: Wer so präzise Uhren bauen kann, der kann auch feinmaschig vorschreiben, wie der Mensch zu leben hat.

Ein Beispiel dafür ist das Polizeireglement der Stadt Biel, das uns als Entwurf vorliegt. Es zeige, so schreibt ein betroffener Internetnutzer, »wie krass der Bürger in seinen Freiheiten und Rechten eingeschränkt wird«. Unter anderem heißt es: »Veranstaltungen im Freien sind ... grundsätzlich um 22 Uhr zu beenden.« Eine Geburtstagsparty im Biergarten des Sportvereins abseits jeder Wohnbebauung endet Punkt 22 Uhr – wer soll das begreifen? An anderer Stelle steht: »Montag bis Freitag zwischen 20 und 22 Uhr sind sämtliche Aktivitäten untersagt, welche die Erholung und Ruhe von Anwohnerinnen und Anwohnern erheblich stören.« Zählt dazu auch das Martinshorn des Rettungswagens? Hilferufe sollten in Biel ebenfalls nur in gemäßigter Lautstärke ausgestoßen werden. Wer nicht helfen will, sollte sich unter keinen Umständen belästigt fühlen. »Der Gebrauch von Tonwiedergabegeräten im Freien ist zwischen 12 und 13 Uhr sowie zwischen 22 und 6.30 Uhr untersagt.« Jemand sitzt mittags im Garten und will auf einem Transistorradio leise die Nachrichten hören. Er darf sich nicht wundern, wenn ihn die Polizei besucht. »Lautsprecheranlagen dürfen im Freien auf privatem oder öffentlichem Grund nur mit zeitlich beschränkter Bewilligung des zuständigen Polizeiorgans der Stadt in Betrieb gesetzt werden; davon ausgenommen sind diejenigen der öffentlichen Dienste (Polizei, Feuerwehr, Sanität, Zivilschutz usw.).«

Ein Popkonzert auf dem Festplatz kann verboten werden – schließlich sind Lautsprecher im Einsatz! »Verboten ist auch das Füttern von wild lebenden Tieren – Ausgenommen ist das Fütterverbot von wild lebenden Vögeln auf Privatgrund, wenn das Nahrungsangebot durch Umweltbedingungen wie Schnee und dergleichen nicht ausreichend ist.« Sind Tauben Wildtiere? Und wer beurteilt, ob die Schneedecke ausreichend dick ist, um von einer Einschränkung des Nahrungsangebots zu sprechen? Wer misst das mit dem Zollstock nach? »Das Herumtragen von Werbung zu kommerziellen Zwecken ist nur mit Bewilligung des zuständigen Polizeiorgans der Stadt gestattet.« Und was ist mit dem Herumtragen von Werbung zu nicht kommerziellen Zwecken? Muss die Polizei auch ihren Segen geben, wenn ein Bürgermeisterkandidat Flyer verteilt? »Das Verteilen von Drucksachen (Konzertprogramme usw.) zu kommerziellen Zwecken an Passanten im öffentlichen Raum unterliegt einer Meldepflicht durch das zuständige Polizeiorgan der Stadt.« Merke: Auch ein Violinkonzert darf nur erklingen, wenn das Polizeiorgan seinen Segen gibt. »Kindern und Jugendlichen unter 14 Jahren ist zwischen 22 und 6 Uhr das Herumlungern im öffentlichen Raum ohne Begleitung der die elterliche Gewalt innehabenden Personen bzw. ihrer berechtigten Aufsichtspersonen untersagt.«

Tom ist dreizehneinhalb Jahre alt und liest um 22.05 Uhr vor dem Bieler Rathaus einen amtlichen Anschlagszettel im Licht seiner Taschenlampe. Danach müsste er jetzt zu Hause sein. Kann man von Herumlungern sprechen, wenn man eben eine amtliche Verlautbarung liest? »Nicht als Herumlungern gilt der Aufenthalt im öffentlichen Raum zum Zweck der Heimkehr von einer für Kinder, bzw. Jugendliche erlassenen Veranstaltung, bzw. einen solchen Anlass. Dieser Vorschrift zuwiderhandelnde Kinder und Jugendliche können durch die Polizeiorgane angehalten und Sorgeberechtigten zugeführt oder übergeben werden.« Aha. Wer vom Informationsabend der Stadt Biel nach Hause eilt, lungert nicht herum. Wer aber stehen bleibt und noch ein bisschen schwatzt, wird von der Polizei abgeschleppt? »Es ist untersagt, an nicht bewilligten oder ausdrücklich verbotenen Veranstaltungen wissentlich teilzunehmen oder zur Teilnahme daran aufzufordern.« Wer versehentlich in eine verbotene Demonstration zur Rettung der Bunttaubenwachtel hineingerät, geht straffrei aus. Wer aber bewusst und gegen die Vorschriften an einer verbotenen Kundgebung teilnimmt, hat das Gesetz gebrochen. »Im öffentlichen Raum und öffentlichen Gebäuden ist das Übernachten in Zelten, Fahrzeugen und fahrzeugähnlichen Objekten außerhalb der speziell dafür vorgesehenen Flächen (Zeltplätze, Standplätze für Fahrende etc.) verboten. Zulässig ist das Ruhen in Fahrzeugen zur Wiedererlangung der Fahrfähigkeit.« Merke: Wer in öffentlichen Gebäuden (etwa im Bieler Rathaus) ein Zelt aufstellt, hat ohnehin einen Sprung in der Schüssel – oder steht im Dienst der Ortspolizei. Wer aber im Auto seinen Rausch ausschläft, ist gern gesehen in Biel. Frage: Ist auch ein Dienstwagen ein »fahrzeugähnliches Objekt«?

Regenwald gerettet, Kommune gelähmt

Können Sie beschwören, dass Ihr Mitbringsel aus Indien nicht von Kinderhand gefertigt ist? Können Sie nicht? Dann geht's Ihnen wie jenen Kommunen, die vor lauter gut gemeintem Engagement ihre Aufgaben vernachlässigen müssen.

Ratlos steht der Bauunternehmer Rüdiger Otto vor seinem Baustofflager am Rande eines Bahndamms in Leverkusen. Teils im Freien, teils in Schuppen sind verschiedenste Materialien gelagert: Pflastersteine, Fliesenprodukte, Natursteinplatten, Marmor. Diese Steine werden aus aller Welt angeliefert, oft sind Zwischenhändler im Spiel. Daher befindet sich Rüdiger Otto mit einem Bein im Gefängnis. Es gibt nämlich ein Tariftreuegesetz, erlassen von der rot-grünen Landesregierung. Von diesem Gewimmel gut gemeinter Paragrafen berichten Insider in Düsseldorf, dass es mittlerweile auch im nordrhein-westfälischen Innenministerium insgeheim verflucht werde. Gemäß diesem Gesetz muss der Unternehmer garantieren, dass kein von Kinderhand gefertigter Werkstoff verwendet wird. »Natürlich sind wir gegen Kinderarbeit«, bekräftigt Rüdiger Otto, »aber wie soll ich eine Garantie abliefern? Ich kann doch nicht bei jeder Baustoffbestellung nach Indien reisen und mir die Firma ansehen!«

Das Paragrafenungetüm, das hinter diesem Vorgang steckt, nennt sich »Gesetz über die Sicherung von Tariftreue und Sozialstandards sowie fairen Wettbewerb bei der Vergabe öffentlicher Aufträge (Tariftreue- und Vergabegesetz Nordrhein-Westfalen – TVgG-NRW)«. Dazu kommt eine »Verordnung zur Regelung von Verfahrensanforderungen in den Bereichen umweltfreundliche und energieeffiziente Beschaffung, Berücksichtigung sozialer Kriterien und Frauenförderung sowie Förderung der Vereinbarkeit von Familie und Beruf bei der Anwendung des Tariftreuegesetzes ...«. Ergänzt wird der Aktenberg durch einen »Leitfaden zur Rechtsverordnung«. Nicht zu vergessen eine Vordrucksammlung mit insgesamt sechs verschiedenen Formularen zur Unterzeichnung. Dieses Gesetz verpflichtet die Kommunen, nur Waren einzukaufen, die von erwachsenen Menschen gefertigt wurden, die dafür einen gewissen Mindestlohn erhalten haben. All dies scheint herzlich gut gemeint. Wie es sich in der Praxis auswirkt, bekamen unter anderem Mitarbeiter der Stadt Bonn zu spüren.

»Das Gesetz ist ein Papiertiger«, urteilte daraufhin der Bonner *General-Anzeiger*. Zuerst traf es die defekten städtischen Fahrzeuge – die Ersatzteile waren zwar auf dem Markt, konnten aber nicht erworben werden. Denn der öffentliche Dienst darf – siehe oben – nur noch einkaufen, was garantiert nicht von Kinderhand oder unterhalb des Mindestlohns gefertigt worden ist. Klingt gut, aber in der Umsetzung lauert der Wahnsinn. »Die Verwaltung findet keine Lieferanten, die bereit sind, für ein Auftragsvolumen von 500 bis 10 000 Euro die gesetzlich vorgeschriebenen Verpflichtungserklärungen zu unterzeichnen«, heißt es in einem Schreiben der Stadt Bonn an die Landesregierung. Ersatzteile für eine Kläranlage ließen sich aus denselben Gründen nicht beschaffen – mit der Folge, dass Leistungen, zu denen Kommunen verpflichtet sind, nicht mehr erbracht werden konnten. Dieses hilfesuchende Schreiben ging als Drucksache 16/1139 an den Landtag, man stellte darin unter anderem die Frage, welche Maßnahmen die Landesregierung ergreifen wolle, um die Kommunen aus ihrer Zwangslage zu befreien. Im Antwortschreiben vom 15. Oktober 2012 heißt es wörtlich: »Zwangslagen der Kommunen, die sich durch die Beachtung des Tariftreue- und Vergabegesetzes ergeben, sind nicht ersichtlich.« Nicht weniger aufschlussreich fiel die Antwort auf folgende Anfrage aus: »Wenn die Angabe der Bundesstadt Bonn zutrifft, dass sie keine Anbieter findet, das benötigte Ersatzteil unter Einhaltung dieser Vorschriften ... zu liefern, liegt dann ein Fall vor, bei dem eine Kommune aufgrund der Verpflichtungen durch die Anwendung des Tariftreuegesetzes eine Pflichtaufgabe nicht erfüllen kann?« Antwort: »Die Landesregierung beteiligt sich nicht an Spekulationen über mögliche Markterkundungen oder Ergebnisse kommunaler Vergabeverfahren.« Offenkundig hat sich die Landesregierung an den Spekulationen doch noch beteiligt – wohl auf öffentlichen Druck hin. Die absurdesten Passagen des Tariftreuegesetzes wurden zwar nicht geändert, aber die Ausführungsbestimmungen im Nachhinein ein wenig den realen Gegebenheiten angepasst – freilich erst, als der entstandene Schaden nicht mehr zu leugnen war. Der Sprecher einer Institution, der aus verständlichen Gründen nicht genannt werden will, berichtet: »Wenn unser Haus Papier einkauft, dann muss ich den Einkäufern erklären, dass sie den Regenwald und die Kinder schützen müssen. Die sehen mich dann an, als sei ich ein Auto.«

Noch im Jahr 2012 warb die NRW-SPD im Wahlkampf mit folgendem Slogan: »Für die Stärkung der Kommunen!«

Ein bayerisches Dorf erklärt Bürokraten den Krieg – und verliert

Ein Dorf wehrt sich gegen den Absicherungswahn, sagt sich von Bayern los und flirtet mit Tirol. Die Gemeinde hat den Zorn der Bürger auf die Überreglementierung erkannt und wurde aktiv. Der Plan fand die Aufmerksamkeit internationaler Medien. Gebracht hat alles – nichts.

Kiefersfelden ist ein bayerisches Bilderbuchdorf am Fuß des Kaisergebirges, direkt am Inn gelegen. Politisch gehört der Ort zum Landkreis Rosenheim. Häufig herrscht Föhn. Der garantiert eine gute Fernsicht Richtung Alpen und sorgt für Kopfweh und mäßige Laune bei eher empfindsamen Einwohnern. Ausgerechnet am 1. April 2005 ändert diese Gemeinde ihr Gesicht: Auf dem Ortsschild müsste eigentlich stehen »Kiefersfelden, Bezirk Rosenheim«. Stattdessen liest man »Bezirk Kufstein, Land Tirol«. Vom Rathaus wehen die rot-weißen Tiroler Landesfahnen, und die Schaukästen quellen über von Fotos, die an Jagdtrophäen erinnern. Ein Bild zeigt zwei junge Mädchen mit Kriegsbemalung: Weiß-rote Streifen zieren die prallen Wangen. Die Einwohner der ganzen Gemeinde hatten sich auf diese Weise geschmückt – ein gefundenes Fressen für die internationale Presse. »Rebel Bavarian town wants to secede to Austria« – eine bayerische Gemeinde will weg vom Freistaat und fordert den Anschluss an Österreich.

Man veranstaltete eine – wohl nicht ganz ernst gemeinte – Unabhängigkeitsfeier, bei der sich natürlich kein bayerischer Politiker blicken ließ, wohl aber der Bürgermeister der österreichischen Nachbargemeinde Ebbs, Josef Richter. Dieser von langer Hand vorbereitete Aufstand einer bayerischen Gemeinde von Querulanten diente vor allem einem Zweck: der Sensibilisierung der Öffentlichkeit gegen eine ausufernde Bürokratie in Deutschland. Der Schauplatz des Aufstandes war vom geografischen Standpunkt perfekt gewählt: Im benachbarten Tirol, unmittelbar auf der anderen Seite des Inn, hatte man sich der Überregulierung weitgehend entledigt. Was lag also näher, als konkrete Vergleiche verschiedener Lebensbereiche in beiden Ländern anzufertigen: Was läuft drüben besser als herüben? Die Medien sprangen auf den Zug, den gewitzte Kommunalpolitiker auf die Reise geschickt hatten, und spielten das Vergleichsspiel mit. Eine junge Familie, die im Kiefersfeldener Baugebiet ein Häuschen errichten wollte und an der deutschen Baubürokratie verzweifelte, beneidete Freunde in Tirol – sie hatten in der Phase des Hausbaus nicht ein einziges

Mal das Gefühl, schikaniert zu werden. Wer auf der bayerischen Seite entlang der Grenze fuhr, sah eine Tankstellenleiche nach der anderen – Opfer der Öko-Steuer. Die Bayern fuhren zum Tanken nach Tirol. Dort entstanden nicht nur relativ zügig genehmigte neue Tankstellen – das Benzin ist 25 Cent billiger –, sondern auch Einkaufsmärkte in deren Nachbarschaft. Direkt neben dem Kloster Reisach bei Kiefersfelden-Niederaudorf lag ein bayerisches Wirtshaus wie aus dem Bilderbuch. Ein historischer Landbau mit einem Biergarten, umsäumt von Kastanien und Eichen – und ein Wirt mit über einem halben Jahrhundert Erfahrung in regionaler Küche: Alfred Schwanzer, ein Urbayer, mittlerweile hat er das Lokal aufgegeben. Einem Reporter des Deutschlandfunks zählte Schwanzer all die pedantischen Reglements auf, die er bei der Übernahme des Gasthofs realisieren musste: eigene Toilette für das Personal und vieles andere mehr. Schwanzer hatte sich mit Kollegen in Tirol ausgetauscht und schloss sich der Forderung der Gemeinde Kiefersfelden an: »Nichts wie rüber, wenn 's möglich wär!«

Einen besonders bezeichnenden Fall von Überregulierung erzählte der Kiefersfeldener Spediteur Josef Gschwendtner. Sein Unternehmen liegt direkt am Inn und verfügt über großzügige Flächen im Hof. In strengen Wintern, berichtete Gschwendtner, seien seine Mitarbeiter morgens stundenlang damit beschäftigt, allen Schnee auf Laster zu packen und in die nächste Deponie zu verfrachten. Denn der Schnee könnte verschmutzt sein – obwohl das Gelände nachts gesperrt ist. Gschwendtners Mitbewerber in Österreich führt seinen Betrieb in Sichtweite, ebenfalls am Ufer des Inn. Der hat eine Rampe direkt am Fluss gebaut. Gschwendtner kann zusehen, wie die Mitarbeiter seines Konkurrenten den Schnee über die Rampe in den Fluss kippen – Schnee, der genauso unbelastet ist wie der des bayerischen Konkurrenten. Das alles geschah im Jahr 2005. Und heute? Nichts hat sich geändert, ließ das

Unternehmen wissen. Die Gemeinde Kiefersfelden hat ihren Aufstand gegen den Bürokratius in ihrem Archiv begraben. Befragt nach den Erfolgen, den die Aktion 2005 eingebracht hat, resümiert Verkehrsamtsleiter Werner Schroller kurz und bündig: »Nichts.«

Brandschutz und Aberwitz

Es steckt eine tiefe Urangst vor Feuer in uns. Daher hat der Brandschutz so gute Karten. Zum Beispiel im Kölner Rathaus: Aberwitzige Vorschriften lassen die Mitarbeiter fast verzweifeln – zum Beispiel, wenn sie Plastikblumen mit brandabweisenden Mitteln besprühen müssen.

Gegenüber dem historischen Rathaus in Köln liegt der sogenannte Spanische Bau, ein Verwaltungsgebäude im unverfälschten Stil der 1950er-Jahre: lichte, weite Flächen, dezente Farben, wertvolle Materialien und aufwendig gearbeitete Leuchter. Es ist – auch zu Stoßzeiten – ein Ort, der Ruhe und Gelassenheit ausstrahlt. Besonders ältere Herrschaften, die Hochzeitsgesellschaften im Standesamt gegenüber angehören, schätzen die geräumige Sitzecke hinter der gläsernen Eingangstür. Von hier aus fällt der Blick auf den verglasten Innenhof, aufgelockert durch eine großzügige Ausstattung mit Pflanzkübeln. Barbara Moritz erwartet uns bereits. Die Chefin der Grünen-Ratsfraktion steht vor dem Innenhof und lächelt, da sich der Besucher seine Ratlosigkeit anmerken lässt: In diesem Gebäude ist nichts mehr so wie vorher, das heißt, vor dem letzten Besuch. Die Sitzecke ist verschwunden, ebenso sämtliche Pflanzen aus Gängen, Hallen und Innenhof. Was war geschehen? Der Brandschutz war da. Also mussten die Pflanzen raus. Auf die Frage, ob es sich denn um fleischfressende Pflanzen gehandelt habe, meint Barbara Moritz: »Die Herren vom Brandschutz waren der Meinung, wenn es brennt, könnte jemand darüber stolpern.« Auch wenn die Pflanze in einer Ecke des Hofes steht? Frau Moritz zuckt mit den Schultern. Und wo ist die Sitzecke für die älteren Herrschaften geblieben? Aus dem gleichen Grund verschwunden: Jemand könnte darüber stolpern. Interessant ist, dass sich die Sessel weit abseits in einer Ecke des großen Eingangssaales befanden. Ein Mensch, der auf der Flucht vor Flammen aus dem Seitengang kommt und der Ausgangstür zueilt, müsste auf seinem Weg einen gewaltigen Haken schlagen, um die Sitzecke zu erreichen. Eine zirkusreife Nummer – das meint auch Frau Moritz: »Die wollten uns sogar den Weihnachtsbaum verbieten.« Und nun machen wir uns auf den Weg zum Büro der Grünen. Vor dem Büro steht ein Holzregal mit Infobroschüren – natürlich aus Papier.

Dass dieses Regal hier stehen darf, verdanken die Grünen nicht etwa der Großherzigkeit der Brandschützer, sondern einem zäh ausgehandelten Kompromiss: Es darf nur noch Material ausgelegt werden, das tagesaktuell gedruckt ist – kein älteres Papier! Der Grund liegt auf der Hand: Frisch gedrucktes Papier hat einen etwas höheren Feuchtigkeitsgehalt und ist somit imstande, einem flammenden Inferno wenige Momente länger zu widerstehen als älteres Papier. Doch die Fürsorge der Brandschützer ging noch weiter. Barbara Moritz weist auf einen blechernen Eimer, der vor einem der Grünen-Büros steht. Darin steckt das Symbol der grünen Partei, eine Sonnenblume – in diesem Fall aus Kunststoff. Diese künstliche Pflanze darf nur unter folgender Bedingung hier bleiben: Sie muss regelmäßig mit feuerabweisenden Mitteln besprüht werden, was durch eine Brandschutzbeauftragte zu protokollieren ist. All diese

Zugeständnisse sind das Ergebnis eines zähen Ringens zwischen Kommunalpolitikern und Brandschutz. Barbara Moritz: »Wir hätten eigentlich Sinnvolleres zu tun, als über so etwas zu verhandeln. Übrigens stehen vor dem Dienstzimmer des Kölner Oberbürgermeisters sowohl eine Sitzecke als auch Pflanzen. Wer den Rathauschef aufsucht, wird schon nicht stolpern.«

Wir verlassen den Spanischen Bau mit einem Blick in die leere Ecke, in der einst die Sessel standen und freuen uns, dass es nicht brennt. Eine hoch aufragende Bronzefigur steht über dem Portal des benachbarten Theo-Burauen-Platzes: Die Mutter Colonia, geschaffen von dem Bildhauer Seff Weidl. Sie umfängt die Kinder Kölns – wie eine Madonna – mit einem breit ausgelegten Schutzmantel. Vor wem sie schützt, entscheidet der jeweilige Zeitgeist.

Drei Fragen, Barbara Moritz

Frage: Wie kommen sich eigentlich die Herren vom Brandschutz vor, wenn sie erwachsenen Menschen Auge in Auge gegenüberstehen und Dinge fordern, die jedem gesunden Menschenverstand widersprechen?
Moritz: Ich habe diesen Leuten Folgendes gesagt: Ich werde Ihnen alles unterschreiben, was Sie mir vorlegen. Und dann mache ich, was ich will!

Frage: Wie haben die Herren vom Brandschutz darauf reagiert?
Moritz: Sie taten, als hätten sie diese beiden Sätze nicht gehört. Die Verfechter einer absoluten Sicherheit nehmen die größtmögliche Katastrophe gedanklich vorweg, um dann die Frage zu stellen: Können wir nachweisen, dass wir die Beteiligten auf alles hingewiesen haben, was das Unglück hätte vermeiden

können? Das ist einfach mangelnder Mut, dass die Leute keine Verantwortung übernehmen wollen. Dieses Prinzip begegnet uns an allen Orten. Für jemanden mit gesundem Menschenverstand grenzt es an Lächerlichkeit und Absurdität! Auch Organisationen haben Interessen – zum Beispiel, sich selbst durch ständig neue Auflagen am Leben zu erhalten. Der Apparat muss nicht schlanker werden, sondern größer. Man kann auch durch Überregulierung die Sicherheit abbauen. Schon meinen kleinen Kindern habe ich immer wieder eingeschärft, beim Betreten des Zebrastreifens nach links und rechts zu sehen – denn der Autofahrer muss zwar halten, doch er tut es nicht immer. Wenn man nun zehn Zebrastreifen direkt nebeneinander setzt, blickt niemand mehr nach rechts und links. Die Folge: Die Straße ist gefährlicher als vorher. Der Ampelabbau und die Einführung des Kreisverkehrs haben dazu geführt, dass es weniger Unfälle gibt – obwohl weniger reguliert wird. Wer überflüssige Warnschilder aufstellt, trägt zu größerer Unsicherheit bei – er selbst aber ist juristisch in Sicherheit.

Frage: Ist das nur eine Vermutung, oder was steckt dahinter?
Moritz: Dazu fällt mir ein, was mir ein Experte bei einer Sicherheitstagung erklärt hat: Hier gehe es nicht etwa um Sicherheit, sondern um Versicherungen. Es geht darum, dass am Ende Schaden reguliert wird, sodass man dem angeblich Schuldigen sagen kann: Sie sind auf alle Aspekte hingewiesen worden, nun ist es passiert, und nun sind Sie dran!

Geplatztes Schlosskonzert, geplatzter Oberbürgermeister

Im Schlosshof zu Tübingen, der 6 000 Menschen fasst, war ein Schlosskonzert geplant. Bürokraten ließen das Konzert platzen – mit aberwitzigen Begründungen.

»Wenn alle Brünnlein fließen« – haben Sie das Volkslied im Ohr? Philipp Friedrich Silcher hat es geschrieben, ein schwäbischer Nationaldichter und Musikpädagoge, der die Massen zu begeistern verstand. Um seine Werke aufzuführen, gab es kaum einen schöneren Ort als den Schlosshof zu Tübingen. 180 Jahre später sollte die Tradition wieder aufleben. Tübingens Oberbürgermeister Boris Palmer war hin und weg von der Idee, in dem 6 000 Menschen fassenden Schlosshof Konzerte aufzuführen. Fünf hochkarätige klassische Konzerte waren bereits geplant – dazu Jazz-Konzerte in spitzenmäßiger internationaler Besetzung. Doch die Idee ist hin, die Konzerte sind weg: Die Versammlungsordnung hat den Schlosskonzerten den Garaus gemacht – mit einer abstrusen Begründung. Zunächst verstand Palmer die Welt nicht mehr. Auf Facebook fragte er: »Warum ist es erlaubt, mit Tempo 100 über eine Skipiste zu fahren, im Fallschirm abzuspringen oder Gletscher zu besteigen, aber nicht mit anderen ein Konzert im Schlosshof anzuhören?«

Die Antwort auf diese Frage kam aus Potsdam – in einem vom Bau- und Vermögensamt in Auftrag gegebenen Gutachten wurde ein zweiter Rettungsweg vermisst. Den hatten die württembergischen Herzöge, die das Schloss erbauen ließen, schlicht übersehen. Falls also Panik ausbrechen würde, wären die Besucher in Lebensgefahr. Also durften auf dem Platz, der 6 000 Menschen fasst, nur 300 zugelassen werden. Damit waren die Schlossfestspiele mit ihren sieben geplanten Events geplatzt. Der Schlosshof, um den es geht, ist flach wie ein Pfannkuchen, vollständig mit Kies ausgelegt, kein Inventar steht herum – und nichts, was brennen kann. Ein genügend breiter Fluchtweg sei vorhanden, versichert Palmer. Die engste Stelle dieses Weges beträgt 2 Meter und 34 Zentimeter. Zudem ist der Hof von Gebäuden umgeben, deren Tore während der Veranstaltung geöffnet bleiben sollten und somit als Fluchtraum in Frage kämen. Nach menschlichem Ermessen wären also 800 Besucher eines Konzertes – auch bei aufkommender Panik – in sicheren Fluchtbereichen untergekommen. Zu den Risiken und Nebenwirkungen einer Massenpanik gesellte sich die Fürsorge gegenüber Fledermäusen. Die flattern nämlich abends genau in jener Schneise im Nordtrakt, in der die Festspielmacher ein Fluchtgerüst erwogen.

Wer ist schuld, wenn eines der älteren Tiere (womöglich leicht dement) gewohnheitsmäßig den bewährten Weg entlangfliegt und an das Gerüst knallt? Außerdem hatten die Initiatoren bereits Pläne ersonnen, auf welchen Weg die Fledermäuse, sofern sie an den ungewohnten Konzertklängen Schaden nehmen würden, an die neue Geräuschkulisse möglichst schonend herangeführt werden könnten. Besonders grotesk wird die Geschichte für Palmer bei folgendem Gedankenspiel: »Hätte der Schlosshof nur ein Viertel seiner Fläche, wären nach geltender Vorschrift die Fluchtwege ausreichend.« Der ganze Vorgang erinnere an einen absurden Mietvertrag: »Stellen Sie sich vor, Sie mieten eine Wohnung mit Wohnzimmer, vor dem ein Schild steht: Wohnzimmer betreten verboten.« Menschen sollten einen Entscheidungsspielraum bewahren, ihr eigenes Restrisiko in Kauf zu nehmen, meinte Palmer in einer Erklärung, die überregional Aufsehen erregte. Allein – bewirkt hat sie nichts. Die Versammlungsstättenverordnung nährt – wieder einmal – ihre Schöpfer.

Bedenkenträger erstickt kreatives Potenzial

Eine Idee, einfach und genial, könnte eine Stadt schöner machen. Der Vorschlag eines Winzers begeistert die Kommunalverwaltung, denn das effiziente Vorhaben kostet kaum Geld. Dann taucht ein Jurist auf und entwirft ein höchst unwahrscheinliches Szenario.

Im Jahr 2009 gab sich die Kölner Stadtverwaltung ungebremst euphorisch: Mit einer einfachen wie genialen Methode sollte es gelingen, die Stadt schöner zu gestalten und das Stadtklima spürbar zu verbessern. Grund für die gute Laune war eine Eingabe des aus Baden-Württemberg zugereisten Winzers Thomas Eichert. Dieser kreative Kopf hatte zahllose Ideen und Verbesserungsvorschläge für seine neue Heimat erdacht. Und so unterbreitete Eichert der Stadt Köln folgenden Vorschlag: Als gelernter Winzer bot er an, öffentliche Gebäude zur Südseite hin zu begrünen – und zwar mit Weinstöcken. Den geernteten und gekelterten Wein wollte er mit den jeweiligen Inhabern oder Bewohnern teilen. Eichert selbst ging mit gutem Beispiel voran – er wohnt in einem Gebäude mit historischer Fassade, das er mit einem Rebstock versehen hat. Jährlich erntet er rund 50 Kilo Trauben, was jeweils 30 Liter Wein ergibt. Der Stadtrat ließ sich von der begeisterten Verwaltung schnell überzeugen – 50 000 Euro sollten in das Projekt fließen, ein Betrag, von dem Eichert selbst sagt, er sei eindeutig zu hoch. Skeptisch wurde er, als sich die Beamten vier Jahre lang ohne sichtbares Ergebnis die Köpfe zerbrachen und das Projekt ins Stocken kam. Zwar wurde im Raum Köln schon vor 150 Jahren Wein angebaut – die Reben wären also kein ortsuntypisches Gewächs.

Doch das Projekt von Thomas Eichert scheiterte an den Bedenken eines Juristen. »Bürokratie verhindert Stadtwinzer«, titelte der *Kölner Stadt-Anzeiger* im März 2013. Ein Jurist hatte das gesamte hoffnungsvolle Projekt mit einer einzigen Frage zu Fall gebracht: »Wer haftet, wenn der Mann von der Leiter fällt?« Außerdem fantasierte man in Verwaltungskreisen, dass Eichert auch beim Stutzen der Weinreben eine Heckenschere aus der Hand gleiten könnte. Wer haftet, wenn die einen Passanten trifft? Man kann solche Gedankenspiele immer weiter führen: In luftiger Höhe streift Eichert eine Weintraube, die fällt auf den Bürgersteig, ein Jurist rutscht auf der Traube aus, knallt gegen die Leiter, die kippt um, Eichert kann sich zwar noch für einen Moment an einer Rebe festhalten, dann stürzt er ab – und landet weich auf dem verdutzten Juristen. Herr Eichert hätte seine helle Freude.

Gipfelstürmer im Flachland

Seilbahnen müssen sicher sein. Auch dort, wo es keine Berge gibt. Also haben Länder wie Mecklenburg-Vorpommern eine eigene Seilbahn-Verordnung. Die EU will es so.

Der Kreuzberg liegt bekanntlich in Berlin. Wer das Gipfelkreuz des Berges in luftiger Höhe erreicht, genießt den Fernblick weit über Brandenburg, sogar die Baustelle des neuen Flughafens liegt in Sichtweite. Bergwanderer dürfen im Bedarfsfall – ebenso wie auf dem Prenzlauer Berg – in eine Seilbahn steigen. Die gibt es tatsächlich – auf dem Papier. Denn die EU schreibt Seilbahnverordnungen auch für Regionen vor, die flach sind wie ein Pfannkuchen.

Im März 2000 hat die EU eine Richtlinie erlassen, die Details im Seilbahnverkehr (Sessellifte und Gondelbahnen) europaweit regelt. Diese Verordnung musste in nationales Recht übertragen werden, um einen einheitlichen Sicherheitsstandard durchzusetzen. Vollkommen gaga, befanden »Flachländer« wie Mecklenburg-Vorpommern oder Berlin. Der Berliner Senat wehrte sich jahrelang gegen die Umsetzung der merkwürdigen Richtlinie – vergeblich. Die EU drohte mit hohen Geldstrafen wegen Vertragsverletzung, denn die Richtlinie garantiere einen harmonisierten Binnenmarkt für Seilbahnanlagen. Nun gab auch der Berliner Senat nach. Seither regeln zwei Dutzend Seiten, wie Seilbahnen in Berlin auszusehen haben. Immerhin gibt es in der Hauptstadt beträchtliche Höhenunterschiede, schreibt die *Süddeutsche Zeitung*: Der Reichstag stehe auf Normalnull, Kreuzberg erreiche 66 Meter und der Prenzlauer Berg schwindelerregende 91 Meter. In Mecklenburg-Vorpommern bringt es die höchste Erhebung gar auf 179 Meter. Seit 2004 hat nun sogar Mecklenburg-Vorpommern eine 35 Seiten umfassende Seilbahnverordnung. Immerhin hat die EU auch bestimmt, was eine solche Seilbahn überhaupt ist. Seitdem wissen wir: »Seilbahnen sind Anlagen für den Personenverkehr aus mehreren Bauteilen, die geplant, gebaut, montiert und in Betrieb genommen werden, um Personen zu befördern.« Das gilt auch für Berglifte und Gondelbahnen in Hamburg und Bremen. Die Landesregierungen der sogenannten »Flachländer« leiden nicht nur in Deutschland. Selbst in den Niederlanden dürfen sich Bergwanderer auf EU-einheitliche Seilbahn-Verordnungen verlassen. Auch für Regionen, in denen sich die höchste Erhebung ungefähr drei Meter über Normalnull befindet, gilt folgende Rechtsvorschrift: »Innerhalb des Gefährdungsbereichs durch Naturereignisse (wie Lawinen, Erdrutsch, natürlicher Pflanzenbewuchs) eintretende Gefährdungen der Seilbahn sind vom Seilbahnunternehmen zu beseitigen.«

Kopfnüsse für Kopftuchträgerinnen

Kopftuch im öffentlichen Dienst? Die unterschiedliche Rechtsauffassung der Länder reglementiert und spaltet die Republik.

Muslimische Frauen, die in Schwangerschaftsfragen Rat suchen, werden nicht unbedingt eine christliche Beratungsstelle aufsuchen. Immerhin geht es darum, einem wildfremden Menschen intime Lebenssituationen anzuvertrauen – und dieser Mensch ist vermutlich Christ.

Die Hamburger Diakonie geht andere Wege. Am Beratungstisch sitzt Canan Ulufer, eine Muslima. Sie trägt Kopftuch aus Überzeugung – und das hilft den Ratsuchenden auch, erste Barrieren zu überwinden. Die junge Frau, die sich bei den Grünen engagiert, berät muslimische Frauen in Schwangerschaftskonfliktfragen und beim Thema Familienplanung – wenn es sein soll, sogar anonym. Auch im öffentlichen Dienst – etwa bei der Polizei – sind Moslems zunehmend gefragt, speziell in Städten mit hohem Migrationsanteil. Doch die Gesetzgebung führt im föderalen Deutschland zu grotesken Differenzierungen: So ist im Schuldienst das Tragen von Kopftüchern in etwa der Hälfte der Bundesländer gestattet, in der anderen untersagt. Allein in Berlin geht ein Gesetz mit einem Totalverbot religiöser Symbole im öffentlichen Dienst »weit über das Kopftuchverbot hinaus« (Wikipedia). Dagegen protestierten selbst die beiden großen Kirchen. In Hessen ist hingegen den Beamten eine Bekleidung verboten, die den politischen Frieden gefährden könnte. Was sagt dazu ein lederbehoster Austauschlehrer aus Bayern, der auch noch einen Filzhut trägt? Ausgerechnet im konservativen Baden-Württemberg ist selbst in Kindergärten das Tragen von Kopftüchern gestattet.

Lamya Kaddor schloss ihr Magisterstudium der Arabistik und Islamwissenschaft an der Universität Münster ab. Sie ist Vorsitzende des Liberal-Islamischen Bundes und tritt für eine liberale Auslegung des Korans ein. Dass in Hamburg eine Mitarbeiterin der christlichen Diakonie ihr Kopftuch tragen darf, findet Kaddor vorbildlich:»Gerade für eine christliche Einrichtung ist das alles andere als selbstverständlich!« In Nordrhein-Westfalen, wo sie zu Hause ist, kennt sie nicht einen Fall, in dem einer Muslima das Kopftuch bei der Arbeit erlaubt wurde, also dort, wo staatliche Einrichtungen auf Bereiche treffen, in denen es einen hohen Anteil von Migranten gibt. Sobald es muslimischen Frauen im öffentlichen Dienst erlaubt sei, so Frau Kaddor, sich auch in ihrem äußeren Erscheinungsbild zum Islam zu bekennen, erleichtere das jede Form des Miteinanders. Doch die unterschiedliche gesetzliche Auslegung von Bundesland zu Bundesland würde groteske Züge aufweisen:»Schließlich kann man nur auf den Kopf, nicht in den Kopf schauen«, meint die Islamwissenschaftlerin.»Die sogenannte muslimische Frau, die sich freiwillig für das Kopftuch entschieden hat, ist in aller Regel voll emanzipiert.« Doch ausgerechnet dort, wo viele Moslems leben, sei das Kopftuch im öffentlichen Dienst verboten. Die Neutralität des öffentlichen Raumes diene ihrer Meinung nach als vorgeschobenes Argument, um restriktive Vorsichtsmaßnahmen durchzusetzen, statt ländereinheitlich zu sagen: Zeigt, wie eure integrative Kraft Früchte trägt!

Lehrer mit Schere im Kopf

Druck von Eltern, Druck vom Kultusministerium: Lehrer mutieren immer mehr zu Dienstleistern, die sich gegen Reglementierungen wappnen müssen. Vom »Traumberuf« bleibt wenig übrig.

Petra Kofler wollte Lehrerin werden und sie hat es geschafft. Mit 36 Jahren unterrichtet sie an einer Gesamtschule im Ruhrgebiet. Eigentlich ist sie noch zu jung, um desillusioniert durchs Leben zu gehen. Doch Schulalltag und die Maßgaben der Schulpolitik haben sie eingeholt. »Am schlimmsten ist die Zeit, in der wir Lehrer die Jahresnoten schreiben«, meint sie resignierend. Lehrer sind auf der Hut – vor allem vor jenen Eltern, die bis vors Gericht ziehen, wenn ihnen die Benotung ihrer Kinder nicht passt. »Je besser begütert Eltern sind, desto mehr wird um Zensuren gefeilscht«, weiß Frau Kofler. Ihr und ihren Kollegen bleibt nur, sich abzusichern. Dies geschieht auf verschiedene Weise. Manche Lehrkräfte schreiben fein säuberlich auf, wie sie wann warum welchem Schüler die Möglichkeit gegeben haben, seine Leistungen zu verbessern. Andere verteilen bessere Noten, als sie verantworten können – nur, um keinen Ärger mit den Eltern zu bekommen. Denn das kann böse Folgen für die berufliche Laufbahn nach sich ziehen.

»Wenn eine Unterrichtsstunde zu Ende ist, haben wir im Schnitt fünf Minuten, um von einer Klasse zur anderen zu wechseln«, berichtet die Pädagogin. »Eigentlich müssten wir weit mehr Zeit haben, um nach jeder Unterrichtsstunde genau zu protokollieren, welcher Schüler für diese Stunde welche Note erhält.« Tun die Lehrerinnen und Lehrer das nicht, können sie in Teufels Küche kommen. Dies hängt mit der Schulgesetzgebung zusammen, die je nach Bundesland unterschiedlich geregelt ist. Bleiben wir in Nordrhein-Westfalen: Sobald am Ende des

Schuljahres Eltern Einspruch gegen die Zeugnisnoten erheben, gerät der Lehrer in Beweisnot. Er ist nur dann aus dem Schneider, wenn er die jeweiligen Leistungen über das gesamte Schuljahr hinweg aufgelistet präsentieren kann. Selbst das reicht noch nicht: »Wir müssen beweisen – egal, ob der Schüler fleißig oder ein absoluter Lernverweigerer ist –, dass wir ihm alle, wirklich alle Möglichkeiten gegeben haben, sich zu verbessern: Haben wir ihm die richtige Ansprache gegeben? Hatte er die Chance, ein Referat zu halten? Haben wir genau hinterfragt, warum dies und jenes nicht sitzt – und vieles andere mehr.« Hat das alles nichts geholfen, muss der Pädagoge nachweisen, dass er die Eltern frühzeitig über die mangelnde Leistung des Schülers informiert hat. Fehlt nur ein Stein in dem großen Mosaik, wird dem Notenwiderspruch der Eltern stattgegeben. Dann wird es ungemütlich: »Man ist nun gebrandmarkt. Die Schüler wissen, die Eltern wissen: Diese Lehrkraft gibt Noten, die wir kippen können, so oder so. Dann wird der Schulalltag zum Horror.«

Petra Kofler hat miterlebt, wie fähige Pädagogen abgestraft wurden, mehr noch, wie ihre Kollegen diskreditiert wurden, nur weil sie »gerechte« Noten gaben. Es habe sogar schon Einspruch von Eltern gegen nicht versetzungsrelevante Zensuren gegeben, also gegen eine Drei oder eine Vier. Einige Kollegen würden unter diesem Druck dahin tendieren, nur noch »geschönte« Noten ins Zeugnis zu schreiben. »Vielen Eltern geht es nur um eines: Sie wollen Recht behalten«, berichtet Petra Kofler. »Die Folge ist: Wir müssen uns permanent auf Diskussionen einstellen, uns absichern und Zeit und Nerven aufwenden, die wir lieber in den Unterricht investieren würden.« Ein Beispiel: Laut Schulgesetz von NRW ist bei Klassenarbeiten ein sogenannter »Erwartungshorizont« auszufüllen. Das sind Tabellen, die Auskunft über Schwierigkeitsgrad und Erwartungen dessen geben sollen, was einem Schüler abverlangt werden kann. Viele Eltern nehmen das zum Anlass, in die Haut des Lehrers zu schlüpfen und jedes

Kriterium, das zur Benotung führt, ausführlich zu hinterfragen und anzuzweifeln. »Damit bieten wir Angriffsflächen auf Feldern, die niemandem etwas nützen.« Nicht weniger gegängelt fühlen sich Lehrer, wenn sie eher aufwendiges Unterrichtsmaterial wie PCs oder Projektionsgeräte benötigen: Jeder Einkauf ist über die Kommune zu tätigen, wobei über die Kommunalverwaltung mehrere Angebote über das Lehrmaterial einzuholen sind. Dabei ist zu belegen – »am besten in dreifacher Ausführung« –, dass alles mit rechten Dingen zugegangen ist. »Niemand soll unterstellen können, dass wir jemandem einen Auftrag zugeschustert haben.«

Ein anderes Beispiel: Petra Kofler unternimmt mit ihrer Klasse einen Schulausflug. Ein Schüler spielt mit einem Stück Holz – plötzlich steckt ein dicker Splitter in seinem Mittelfinger. Obwohl eine Pinzette zur Hand ist, darf der Lehrer den Splitter nicht entfernen, schließlich ist er kein ausgebildeter Mediziner. »Am besten, man holt in diesem Fall einen Rettungswagen«, kommentiert Petra Kofler ironisch lächelnd: »Wir dürfen noch nicht mal eine Zecke entfernen.« Ein weiteres Beispiel: Ein Schüler benahm sich gezielt daneben, terrorisierte und erpresste Mitschüler, schrieb anonyme Drohbriefe an Eltern. »Wir ertragen das nicht mehr«, zitiert Petra Kofler Schüler aus ihrer Klasse. Allein, es war nicht möglich, den Schüler der Schule zu verweisen. In einer eigens einberufenen Konferenz wurden alle Aspekte seines Tuns erläutert, alle Möglichkeiten einer Besserung durchgesprochen, Konsequenzen hin und her diskutiert. »Das alles dauert sehr, sehr lange, bis wirklich Taten folgen«, resümiert die Pädagogin. »Bis dann endlich etwas passiert, weiß der Schüler: Ich kann mir noch eine ganze Menge leisten!«

Mit dem Teich ging es den Bach runter

An einem Baum könnte ein Autofahrer sterben. In einem Teich könnte ein Betrunkener ertrinken. Also verbannte eine Kommune beides.

»Es war ein wunderschöner Plan«, erinnert sich Richard Welter, einst technischer Beigeordneter der Stadt Hürth, im Rückblick. Ein neues Rathaus war geplant, davor sollte eine Grünanlage mit einem kleinen Teich für einen schönen Anblick sorgen. Der Plan wurde in die Tat umgesetzt – was Juristen im Rathaus mit einem Stirnrunzeln begleiteten. Im Winter passierte es dann: Ein Betrunkener rutschte auf dem zugefrorenen Teich aus und fiel hin. Der Mann kam mit heiler Haut davon. Erstmals stellte man sich die Frage: Wer haftet, wenn etwas passiert? Kurz darauf schufen Randalierer vollendete Tatsachen: Immer wieder kam es im Park und am Teich zu Übergriffen, Zerstörungen und wilden Gelagen. Also wurde der Teich zugeschüttet – noch bevor die Juristen die Haftungsansprüche auf den Tisch legten. Doch deren Veto erfolgte bei einem anderen Projekt. »Wir hatten eine Wohnsiedlung im Stadtteil Efferen geplant«, erinnert sich Richard Welter. »Vor einem Geschosswohnungsbau war eine Grünfläche mit einer Teichanlage vorgesehen, um das Regenwasser abzuleiten und die Wohnatmosphäre zu verbessern.« Doch die Bedenkenträger aus der Rechtsabteilung wussten den Teich schließlich zu verhindern. Wenn es nach den Juristen gegangen wäre, dann wäre ein hoher Zaun um den kleinen Tümpel errichtet worden – das hätte in eine gemütliche Wohnsiedlung gepasst wie die Faust aufs Auge, aber die Stadt Hürth hätte ihrer Fürsorgepflicht Genüge getan und sich Schadensersatzforderungen vom Leib gehalten. Welter erinnert sich gut an den Plan einer anderen Kommune, die ebenfalls einen Teich ausheben und aus Sicherheitsgründen ein Gitter direkt unter der Wasseroberfläche anbringen wollte: »Das sind solche Krampflösungen, die das Streben nach absoluter Sicherheit hervorbringt. Danach müssten die Holländer ihre ganzen Grachten mit Zäunen umgeben!« Schließlich erwähnt Richard Welter einen lange zurückliegenden tragischen Autounfall: Ein junges Mädchen kam mit einem voll besetzten Wagen von der Straße ab und fuhr gegen einen Baum. Es gab einen Toten und Schwerverletzte. Nach diesem Unglück wurden keine Bäume mehr an Straßen gepflanzt. »Was uns fehlt, ist der Mut zum Widerspruch durch den Einzelnen«, ist Richard Welter überzeugt. »Wenn Einzelpersonen seltsame Klagen einreichen und Richter meinen, dem armen Betroffenen könne geholfen werden – dann sollten wir künftig die nächste Instanz anrufen. Und wir sollten einmal darüber nachdenken, was Eigenverantwortung genau bedeutet – auch in der Kommunalpolitik. Wir können schließlich nicht alle Fenster zumauern, nur weil ein Jurist befürchtet, dass irgendjemand aus diesen Fenstern fallen könnte.«

Aus Kreativität wird Frust

Dem Kölner ist der Karneval heilig. Und so half die Verwaltung der Abfallwirtschaftsbetriebe, als die ehrenamtliche Initiative »Loos mer singe« für eine nichtkommerzielle Veranstaltung einen Saal suchte. Dann fragte jemand zur Sicherheit bei der Bauaufsicht nach – schon war Frust vorprogrammiert.

Helmut Frangenberg ist Journalist, Autor und Karnevalspräsident bei der Initiative »Loos mer singe«. Kein Zweifel, der Mann ist Kölner aus Leidenschaft. So ging es ihm auch 2012 nicht ums Geldverdienen, als man nach einem Schauplatz für ein Casting

Ausschau hielt. Neue Talente für den Karneval sollten entdeckt werden. Frangenberg: »Wir zahlen dabei immer drauf, und die Ehrenamtlichen stemmen die Veranstaltung gern in ihrer Freizeit.« Die städtischen Abfallwirtschaftsbetriebe wollten der Vereinigung spontan helfen und boten ihre Tonnenhalle in Köln-Bickendorf als Austragungsort an. Die wurde ohnehin für betriebsinterne Feste genutzt: ein idealer Ort mit großer Bühne, Lautsprechern und Dekoration. »Für ein städtisches Unternehmen war das ein sehr unbürokratisches Entgegenkommen«, erinnert sich Frangenberg. Doch weil man meinte, alles müsse seine Richtigkeit haben, nahm das Unheil seinen Lauf.

Das städtische Tochterunternehmen schaltete die Stadtverwaltung zwecks offizieller Genehmigung ein. Heraus kam Folgendes: Ein von Spezialisten ausgetüfteltes, detailliertes Sicherheitskonzept war zu bezahlen, dazu gesellten sich eine Notstromversorgung für den Katastrophenfall, beleuchtete Fluchtwege und viele weitere Auflagen, die für eine kommerzielle Großveranstaltung gepasst hätten. Das zu zahlende Genehmigungsverfahren umschloss auch Ortstermine, wie eine Reihe von Besichtigungen und den Besuch des Chefs der Aufsichtsbehörde. All dies galt als Teil des Genehmigungsverfahrens. »Man verlangte viele absurde Dinge«, regt sich Frangenberg noch immer auf. So sollte eine etwa zehn Meter lange Bühne an den Außenseiten mit festen Gittern begrenzt werden, für den Zuschauerraum wurde ein Rollgitter verlangt. Allerdings wurden nur 300 Gäste erwartet.

Nun sollte man annehmen, die aus Steuergeldern bezahlte Aufsichtsbehörde wäre den Antragstellern gerne zu Diensten. Tatsächlich ist es umgekehrt: »Mürrisch wird man gemustert, wird behandelt wie ein Bittsteller, der es wagt, Arbeit zu machen.« Bevor die Veranstaltung beginnen sollte, musste eine weitere Hürde überwunden werden: Da es Bier und belegte Brötchen geben sollte (vom Erlös wollte man einen Teil der Kosten decken), waren eine Ausschankgenehmigung sowie Nachweise über Hygiene-Belehrungen erforderlich – beides konnte Frangenberg im Ordnungsamt vorlegen. Das gab allerdings erst wenige Stunden vor der Veranstaltung »grünes Licht«, während das Bauaufsichtsamt die Initiatoren sogar bis zum Abend zappeln ließ. Frangenbergs Fazit: »Statt Kreativität, Ehrenamt und neue Kooperationen mit einer städtischen Gesellschaft zu fördern, taten die städtischen Beamten alles, um die Veranstaltung zu torpedieren.« Was ihnen ein Jahr später schließlich auch gelungen ist: Man wechselte fortan den Veranstaltungsort, um sich derartigen Torturen nicht noch einmal auszusetzen. Den sonst so fröhlichen Rheinländern war der Spaß vergangen.

Ein Lichtlein brennt – von der EU verpennt

Die EU hat uns die Energiesparlampe verordnet. Viele sind dafür, viele dagegen. Nicht wenige fühlen sich bevormundet – und selbst *Öko-Test* zweifelt die Umweltverträglichkeit der teuren Lampen an.

Im Kleingartenverein »Land in Sonne« im Münchner Südwesten hält man zusammen wie Pech und Schwefel – man hilft sich mit Rat und Tat auch bei Fragen außerhalb der grünen Pracht. Das kam dem Rentner Franz-Georg H. sehr gelegen. Denn in seinem Reihenhäuschen im Stadtteil Laim hat er ein eher ästhetisches Problem: Der alpenländische Stil mag sich mit dem kalten Licht der Energiesparlampen, die Herr H. im Elektroladen gegenüber gesehen hat, nicht vertragen. Und in der mit Eichenholz verkleideten Kellerbar strahlt die blasse Funzel mit dem Charme einer Krematoriumsleuchte. Die gute alte Glühbirne, wie sie Thomas Edison vor fast 180 Jahren erfand, gibt es nirgends mehr zu kaufen. Doch auf warm leuchtende Birnen in der Kellerbar wollte der alte Herr nicht verzichten. Ein Nachbar aus der Kleingartenanlage gab ihm den Tipp: »Geh doch mal zu Manufactum!« Das ist ein Luxus-Warenhaus, das meist handgemachte Waren nach traditionellen Mustern im Angebot führt. Franz-Georg H.s Augen leuchteten vor den Regalen, obwohl keine der Birnen unter Strom stand. Neben den Energiesparleuchten lagen sogenannte »Globellampen mit Spiralfaden«, deklariert als Speziallampe. Also nicht für den Hausgebrauch? Doch, doch, beschwichtigte ein Verkäufer, und wies lächelnd auf die Aufschrift über dem Regal: »Wir bieten das alte Leuchtmittel weiterhin und solange verfügbar an.« Nun wurde Franz-Georg H. neugierig und versuchte, herauszufinden, was hinter dem Verwirrspiel steckte. Er studierte Berichte und Kommentare im Internet und Tageszeitungen, aber so recht schlau wurde er aus der Sache dennoch nicht.

Am Anfang agierte wieder einmal die EU: Weil herkömmliche Lampen nur fünf Prozent der Energie in Licht verwandeln, hielt die EU es für angebracht, diese zu verbieten, was am 1. Dezember 2012 in Kraft trat. Zugelassen sind nur noch Energiesparlampen, die allerdings mit giftigem Quecksilber betrieben werden und ein Vielfaches der alten Birnen kosten. Und nun las unser Rentner in der *Welt* vom 12. 8. 2012, dass hinter dem umfänglichen Verordnungswerk der Europäischen Union nichts Geringeres als eine Verordnungslücke zu entdecken war. Die EU-Richtlinie gilt nämlich nur für Haushaltslampen, nicht aber für Speziallampen. Die dürften als solche verkauft werden. Der Markt hat also die EU glatt überlistet. Nun beschaffte sich Franz-Georg H. einen Warenkatalog besagten Kaufhauses und las dort Folgendes: Das Verbot der alten, mattierten Birne sei »umso bitterer, als neben dem auf uns zukommenden Verlust an gewohnter Lichtqualität die Tatsache zu beklagen ist, dass wir demnächst par ordre du mufti die wochenendliche Entsorgungstour zu Altglas- und Papiercontainer um die Visite der Abgabestelle für Elektronikschrott zu erweitern hätten, um dort all jener verblichenen, quecksilberhaltigen Kompaktleuchtstoffgeräte ledig zu werden, die man uns momentan als umweltfreundlich, weil energiesparend, teuer verkauft.« Doch das Kaufhaus bot die altehrwürdigen Lampen weiter an, mit dem Zusatz, dass sie für den Haushalt nicht vorgesehen seien. Nun krochen in Herrn H. doch Zweifel hoch. Würden ihn seine wohlerzogenen Enkel als »Umweltschwein« beschimpfen, wenn seine postmodern-alpine Kellerbar im warmen Licht der alten Lampen erstrahlte? Schließlich fiel ihm die Zeitschrift *Öko-Test* in die Hände, die sein anfänglich schlechtes Gewissen beruhigte. Die Energiesparlampe, stand da zu lesen, könne nicht überzeugen. Knapp ein Drittel der getesteten Exemplare hatte bestenfalls die Note »befriedigend« erhalten, der Rest hatte noch schlechter abgeschnitten. Einige Lampen hätten nicht einmal 3 125 Stunden Brennzeit erreicht. Zu den technischen Unzulänglichkeiten kämen noch die gesundheitlichen Risiken. Der Artikel schloss mit dem Satz: »Es stellt sich die berechtigte Frage, ob die Klimaschutzziele nicht mit anderen Mitteln besser und weniger risikoreich zu erreichen sind.«

Franz-Georg H. schlüpfte in seine Pantoffeln, öffnete eine Flasche Münchner Weißbier und verbrachte den Abend philosophierend in der Kellerbar. Erleuchtet vom Schein einer Lampe, die frei von giftigem Quecksilber war.

Hätten Sie mal Toilettenpapier?

Nehmen wir an, Sie müssten sehr dringend ein stilles Örtchen aufsuchen. Da ihnen dazu etwas sehr Wichtiges fehlt, klingeln Sie beim
Nachbarn: »Hätten Sie vielleicht ein paar Lagen Toilettenpapier für
mich?« Peinlich? Findet die Stadt München gar nicht.

Griffig soll es sein, saugfest, reißfest – und obendrein soll es sich
durch einen neutralen Geruch auszeichnen. So steht es in der
Bedarfsanmeldung der Stadt München nach Informationen des
Münchner Merkur vom Oktober 2013. Zweilagiges Papier genügt
vollauf, denn auch in Bayern ist Luxus auf dem stillen Örtchen
unnötig. Dafür wünscht man sich gleich zwei Millionen Rollen.
Nun kommen die Münchner aufgrund der EU-Bestimmungen
um eine öffentliche Ausschreibung für diese Rollen in ganz Europa nicht herum, da das Auftragsvolumen 200 Millionen Euro
umfasst und der bisherige Vertrag nicht verlängert wird. Zum
flauschigen Toilettenpapier gesellt sich der Wunsch nach vier
Millionen Rollen einlagigem Krepppapier und 100 Millionen
Einmal-Papierhandtüchern. Mit der Bestellung soll der Bedarf
in Schulen, Kindergärten, Dienststellen und Amtsstuben im Rathaus für zwei Jahre gedeckt sein. Was der Spaß letzten Endes
kostet, darüber bewahrt man Stillschweigen, um potenzielle Be-
werber nicht zu beeinflussen. »Mit vollen Hosen ist gut stinken«,
sagt ein bayerisches Sprichwort und meint im übertragenen
Sinn: Wer die Mittel hat, darf sich auch etwas leisten. Wenn es
sein muss, europaweit.

Verbotsorgie um Staubsauger

Seit geraumer Zeit wissen wir, dass wir Energie sparen müssen. Oder doch nicht? Die EU kam im November 2013 mit dem Holzhammer: Der Verkauf stromfressender Geräte wird künftig verboten.

»Die Verbotswut der Kommission muss dringend gebremst werden«, zitiert die *Bild*-Zeitung den Vorsitzenden der CDU/ CSU-Abgeordneten im EU-Parlament, Herbert Reul. In der Wirtschaftskrise gebe es weitaus Wichtigeres als die europaweite Regulierung von Haushaltsgeräten. Der Mann war nicht der einzige, dem (wieder einmal) der Kragen platzte. Als habe die Kommission aus ihrer hochnotpeinlichen Niederlage nach dem zurückgenommenen Verbot der Ölkaraffen nichts gelernt. Offenkundig sahen die Beteiligten in Brüssel diesen Imageschaden als einmaligen Ausrutscher, der am gesamten Regelwerk nicht rüttelt. Denn dieses neue Verbotsszenario besagt nach wie vor: Regulieren, was das Zeug hält. Vom September 2014 an sollen nur noch Staubsauger verkauft werden, deren Leistung 1600 Watt nicht überschreitet. 2017 kommt es noch dicker. Ab dann dürfen neue Geräte nur noch bis 900 Watt über den Ladentisch. Auch anderen Geräten mit höherer Wattzahl soll es an den Kragen gehen. Und es wären noch weitere Umweltsünder zu erwähnen: Tageslichtscheinwerfer in der Filmbranche, zum Beispiel. Diese Monster fressen tausende von Watt. Wenn das die EU erfährt! Wir freuen uns auf Filme, die dann daherkommen wie einst »Barry Lyndon« von Stanley Kubrick aus dem Jahr 1975. Der Film wurde angeblich komplett bei Kerzenlicht gedreht – dank eines extrem lichtstarken Objektivs, das Carl Zeiss für die NASA entwickelt hatte. Na also, geht doch!

Öko-Tyrannei – ein Szenario

Der Bürger an sich muss zum Besseren erzogen werden. Beispiel:
Wieso muss über einen Heizpilz Energie verschwendet werden, nur
weil jemand auch in der Kälte im Freien sitzen will? Also setzt man
nicht auf Einsicht, sondern auf Bevormundung

Kevin Unrat ist Verwaltungsangestellter, Vater zweier Kinder,
43 Jahre alt, er lebt von seiner Frau getrennt in Heidelberg. Von
den anderen Protagonisten dieses Bandes trennt ihn ein ent-
scheidender Punkt: Es gibt ihn nicht, und das ist auch gut so.
Dennoch ist Herr Unrat von großem Interesse für unser Thema.
Denn wie kein anderer erfüllt er alle Voraussetzungen, die ihn
zum Außenseiter stempeln – weil er aufgrund seines Verhaltens
reglementiert werden muss. Daher ist sein Name auch nicht
Thomas Mustermann, sondern Kevin Unrat.
  Kevin stolpert frühmorgens durch die unaufgeräumte Küche. Er riecht nach kaltem Tabak und Bier, jede Putzfrau würde
sich die Haare raufen. Kevin schiebt die alten Pizzaschachteln
hin und her und schimpft lautlos – keine Zigaretten mehr da.
Er zwängt sich in seinen himmelblauen Morgenmantel und
marschiert zum nächsten Automaten. Ist es eine Sinnestäu-
schung? Der Automat ist weg. Nur zu seinem eigenen Wohl.
Man muss nämlich Leute wie Kevin vor sich selbst schützen.
Zigarettenautomaten sind neuerdings verboten. Würde Herr
Unrat in Baden-Württemberg leben und hätte nun Lust, seinen
Frust in den Nachtstunden durch Angeln zu kompensieren,
hätte er ebenfalls Pech: Die Nachtruhe der Fische soll nicht
gestört werden. Im Supermarkt gibt es Zigaretten im freien
Verkauf – noch! Nichts wie hin. Und weil sein Bier aufgebraucht
ist, stellt Kevin eine neue Packung in den Einkaufswagen. An
der Kasse verlangt er mit kratzender Stimme nach einer Plas-

tiktüte. Gibt es nicht. Plastiktüten sind neuerdings verboten. Nun würde sich Kevin gern auf seinen Motorroller schwingen, um einen anderen Supermarkt aufzusuchen (ein Auto, das die Luft verpesten könnte, hat er nicht), aber die Anschaffung von Motorrollern mit Verbrennungsmotoren ist verboten. Verblüfft blickt er auf die Fassade des Supermarktes: Fehlt da nicht etwas? Gestern war hier noch eine Aufschrift aus Leuchtreklame. Richtig. Leuchtreklamen sind neuerdings auch verboten. Es ist ziemlich kalt draußen. Kevin steuert eine Schnellimbiss-Kette an und möchte im Freien einen Kaffee trinken. Er setzt sich dorthin, wo es immer kuschelig warm war – und friert. Der Heizpilz ist weg. Denn Heizpilze sind neuerdings verboten. Und nun fällt unser Kevin stimmungsmäßig in ein tiefes Loch.

Er braucht die Nähe anderer Menschen. Wie wäre es mit einem Besuch im Zoo zusammen mit seinen Töchtern? Oder Ponyreiten auf dem Jahrmarkt? Fehlanzeige. Wildtiere im Zoo sind verboten. Ponyreiten ebenfalls. Kevin spürt urplötzlich den Wunsch, abzuhauen. In ein anderes Land. Da steht doch in der Kleiderkammer eine Schachtel mit viel Geld. Seine verstorbene Mama hat es ihm hinterlassen, für etwas, das ihm wirklich wichtig ist. Und nun ist es Kevin wichtig, abzuhauen – am besten in bisher unerreichbarem Luxus: in einen Zugwaggon erster Klasse. Kevin hat Pech, denn auch Reisen in der ersten Klasse sind verboten. Kevin geht nach Hause und heult. Eigentlich hat er einen freien Tag. Weil aber der Kühlschrank leer ist und sein Magen ebenfalls, setzt er sich in die Straßenbahn (ökologisch gut so!) und fährt in seine Behörde. Es ist Donnerstag. Kevin verspürt großen Appetit auf ein Schnitzel. Es muss kein Wiener Schnitzel sein, »Wiener Art« genügt. Geflissentlich übersieht Kevin die verachtenden Blicke in der Kantine und steuert auf die Essensausgabe zu. Doch leider ist es Donnerstag – an diesem Tag ist Fleischgenuss in Kantinen verboten. Bleibt Kevin das Dahindämmern vor der Glotze.

Drei Fragen, Axel Voss

Was ist das Credo der Schreibtischtäter in Brüssel? Was können Parlamentarier tun, um die Regulierungswut zu bändigen? Eine Menge, meint der EU-Parlamentarier Axel Voss (CDU). Er gilt als leidenschaftlicher Kritiker der Bevormunder – und gehörte zu denen, die das europaweit geplante Verbot von Ölkaraffen zu Fall gebracht haben. Seit 2009 ist er Mitglied des Europäischen Parlaments im Ausschuss für bürgerliche Freiheiten, Justiz und Inneres.

Frage: Herr Voss, wie funktionieren die Ober-Reglementierer in Brüssel?
Voss: Die Strukturen sehen etwa so aus: Es gibt einen Kommissions-Präsidenten und 26 Kommissare, die wollen irgendwie etwas regeln. Und das, was zu regeln ist, wird gesteuert von Wirtschaft, Verwaltung und anderen Interessen. Diese Leute fragen sich, was für ihr Haus wichtig ist oder was schon lange auf Halde liegt. Ein Vorhaben, das jetzt durchsetzbar erscheint, weil wir einen neuen Kommissar an der richtigen Stelle haben.

Frage: Welche abstrusen Reglementierungen fallen Ihnen auf Anhieb ein?
Voss: Zum Beispiel müssen Erwachsene einschreiten, wenn Kinder einen Luftballon aufblasen. Es gibt Leute in der EU, die unterstellen, das Kind könne sich verschlucken. Oder das Verbot, Kinderwagen auf Rolltreppen zu transportieren. Selbst wenn zwei Erwachsene den Kinderwagen tragen, bleibt es verboten.

Frage: Viele Gesprächspartner, die wir im Zuge unserer Recherchen gesprochen haben, verfügen über eine Gemeinsamkeit: Sie haben gegenüber dem Absicherungswahn resigniert. Was empfehlen Sie?

Voss: Wir als Politiker haben regelmäßig Kontakt mit der Bevölkerung. Wir versuchen zu verstehen, wo die Menschen im konkreten Alltag der Schuh drückt. Bei den EU-Beamten ist das meist etwas anders. Sie sind von der Realität weiter entfernt und klassifizieren Nebenprobleme als »ganz wichtig«. Genau hier muss eine Klarstellung erfolgen. Dies könnte geschehen, indem eine Gruppe von Fachleuten sich einmischt – ähnlich wie das Team um Edmund Stoiber es praktiziert. Deren Ausrichtung müsste sich an der Frage orientieren: Welches Vorhaben ist wesentlich, welches nebensächlich? Wir müssten so verfahren, wie wir es einmal getan haben im Fall der Olivenölkaraffen-Verordnung. Die sollte europaweit Gastwirten verbieten, nachfüllbare Ölkaraffen aufzustellen. Man wollte die Gastronomen vor sich selbst schützen – es könnte ja sein, dass billiges Maschinenöl in die Karaffen eingefüllt wird. In diesem Fall haben wir gesagt: Liebe Kommission, wir werden dieses Thema nicht behandeln, weil andere Schwerpunkte wichtiger sind. Genau das muss die Strategie sein. Man muss damit anfangen, die Nebensächlichkeiten zu bekämpfen. Und wir müssen die Folgen dessen bedenken, was wir beschließen. Da gab es die Geschichte mit der leicht abstehenden Schraube auf dem Sitz eines Treckers – der Fahrer hätte sich unter Umständen verletzen können. Also gab es eine Verordnung zur Harmonisierung von Treckersitzen, was fatale Folgen in der praktischen Umsetzung hatte. Der Streit landete vor dem Europäischen Gerichtshof.

Schilderwald im Straßenverkehr

Helm ab zum Dekret

Sie sind morgens auf dem Fahrrad unterwegs. Keine Autos weit und breit, der Radweg gehört Ihnen allein. Obwohl sie nur einige hundert Meter weit fahren, hält die Polizei Sie an: Ohne Helm wird man zur Kasse gebeten. So wollte es einst Verkehrsminister Peter Ramsauer.

»Ramsauer prüft Helmpflicht für Radfahrer«, verkündete die *Süddeutsche Zeitung* im Oktober 2011. Hintergrund: Besonders in den Städten stieg die Anzahl tödlicher Unfälle mit Fahrradbeteiligung. Darauf erklärte Bundesverkehrsminister Peter Ramsauer (CSU), das Tragen von Helmen könne für Radfahrer schon bald zur Pflicht werden. Denn nur neun Prozent von ihnen sind mit Helm unterwegs. Praktisch hätte das bedeutet: Wer morgens 300 Meter zum nächsten Bäcker auf dem sicheren Radweg ohne Helm erwischt wird, den bittet die Polizei zur Kasse. Die Inhaber der Fahrrad-Fachgeschäfte freuten sich diebisch angesichts des bevorstehenden Booms.

So gab das Oberlandesgericht Schleswig im Juni 2013 einer Radfahrerin Mitschuld an ihren Kopfverletzungen, obwohl sie am Unfall unschuldig war: Sie trug keinen Helm. »Gefährlicher Kopfschutz« titelte die *taz* zu dem Thema: »Erst wenn viele Radfahrer auf der Straße sind, nehmen Autofahrer auch Rücksicht. Der Helm bewirkt bewiesenermaßen das Gegenteil.« Allein, dass die Helmpflicht das Radfahren nicht sicherer, sondern gefährlicher mache, sei in der Unfallforschung Konsens. In Vancouver etwa ist die Helmpflicht eingeführt. Dort ist auf vielen T-Shirts ein Satz zu lesen, der übersetzt lautet: »Ich trage einen Helm, damit du wie ein Idiot fahren kannst.« Zudem müssten die vorgeschriebenen Helme gegen Diebstahl geschützt werden. Die Versicherungen könnten sich die Hände reiben. Konrad Krause von der Grünen Liga Sachsen (Dresden) setzt noch eins drauf: »Zahlen in Neuseeland und anderswo haben ergeben, dass Radfahrer nur noch die Hälfte der Wege zurücklegen, wenn die Helmpflicht eingeführt wird. Diese Pflicht schreckt vom Radfahren ab.« Verkehrsminister Ramsauer zeigte schließlich ein Einsehen und sprach sich – nach seinem ersten Vorpreschen – gegen die Helmpflicht aus. Stattdessen appellierte er an die Einsicht und Vernunft der Radfahrer.

Es ist wohl eine Frage der Zeit, bis der nächste Politiker eine neue Idee in die Welt setzt. Als Nächstes sind vermutlich die Jogger dran. Wer ohne Knieschutz auf Asphalt erwischt wird, sollte Bargeld mitführen.

»Herzlichen Glückwunsch, Düsseldorf!«

Sie sind zu Fuß in einer Innenstadt unterwegs. Die Fußgängerampel schaltet auf Grün. Glauben Sie im Ernst, Sie können nun losmarschieren ohne amtliche Hilfe? Da muss schon ein achtseitiger Leitfaden her, der Sie sicher über die Straße bringt.

Düsseldorf ist anders. Hier gibt es auch für Fußgänger eine gelbe Ampel. So kann man sich seelisch besser darauf vorbereiten, dass die Grünphase bald kommt oder bald zu Ende geht. Weil das nicht ausreicht, hat die Verwaltung einen achtseitigen Leitfaden zusammengestellt. Darin steht alles, was Sie bisher nur geahnt haben. Originalzitat: »Die Ampel springt auf Grün. Der ideale Zeitpunkt für alle Fußgänger, jetzt loszugehen!« Offenkundig sind die Menschen, die Düsseldorf per pedes erschließen, zu doof, Ampeln richtig zu deuten. Anders sind solche Belehrungen kaum zu verstehen: »Die Ampel springt auf

Gelb. Jetzt gilt für alle: Auf dem Überweg weitergehen – vor dem Überweg anhalten!« Oder: »Die Ampel zeigt noch Grün. Ältere und Gehbehinderte sollten lieber warten.« Oder: »Weitergehen! Nicht umkehren!« Am Ende der Belehrungsorgie steht dann für alle, die es immer noch nicht begriffen haben: »Jeder, auch diejenigen, die nicht gut zu Fuß sind, kommt sicher über die Straße. Natürlich nur, wenn man nicht bei ›noch-Grün‹ losgegangen ist.«

Man kann die Beamtenhirne, die Derartiges in die Welt gesetzt haben, gut verstehen. Wer ist schuld – so mögen Juristen fragen –, wenn ein Fußgänger mit dem städtischen Informationsblatt vor Augen bei Grün losmarschiert, exakt in der Mitte der Straße lachend zusammenbricht und sich bei Rot noch nicht erholt hat? Ende 2012 hat Düsseldorf die Aufklärungskampagne offiziell beendet. Der Internetauftritt der Stadt trägt die schöne Schlagzeile »Herzlichen Glückwunsch, Düsseldorf!«.

Verpestete Luft – Dank der grünen Rathausfraktion

Wer möchte schon in Köln-Mühlheim wohnen? Dort ist die Luft der Domstadt am schmutzigsten, auch dank roter Ampelwellen. Die Bezirksregierung wollte dies ändern – zum Wohl der Anwohner. Die Grünen sagten »Nein«.

»Mobilität muss grün werden« ist auf der Internetseite von »Bündnis 90/Die Grünen« nachzulesen: »Im Fokus grüner Verkehrspolitik steht die Suche nach Alternativen zum Auto.« Daneben ist ein Foto zu sehen, das zwei von grünem Moos überwucherte Karosserieformen auf einer grünen Wiese zeigt: »Wir wollen grüne Autos!«

Die Anwohner des Kölner Ortsteils Mühlheim plagten massive Probleme mit der Atemluft: Hauptsächlich waren es die roten Ampelwellen, die an einer extremen Schadstoffbelastung in den Wohngebieten schuld waren. Die Lösung lag im Kölner Rathaus bereits auf dem Tisch: Mit Hilfe einer »umweltsensitiven Lichtanlagen-Steuerung« sollten die Schadstoffe deutlich reduziert werden. Das Boulevard-Blatt *Express* zitierte im Januar 2012 einen Sprecher des städtischen Verkehrsmanagements, der sich auf ein Gutachten berief. Danach hätte dieses Ampelsystem, das je nach Luftbelastung auf Grün schaltet, den Ausstoß von Feinstaub und Stickoxid um 25 Prozent reduziert. Doch ausgerechnet den Grünen im Kölner Stadtrat verdankten die Anwohner die Tatsache, dass sie über ein Jahr lang gezwungen waren, den Dreck einzuatmen. Denn schließlich war den grünen Stadtvätern daran gelegen, sich gegen den Vorwurf abzusichern, sie könnten grüne Positionen ignorieren (»Wir wollen grüne Autos!«). Freie Fahrt für freie Bürger? Kommt nicht in die Tüte! Die Begründung der Ablehnung: Diese Ampel sei unsinnig, weil sie die Schadstoffbelastung nicht »im nötigen Maß« senke, zitiert der *Express* die grüne Verkehrsexpertin Bettina Tull. Es stank in Mühlheim also weiter – diesmal dank einer der Parteidisziplin geschuldeten, unterbliebenen Regulierung. Schließlich platzte der zuständigen Regierungspräsidentin Gisela Walsken (SPD) der Kragen. Erst, als sie der Stadt Fahrverbote androhte, falls die Ampel nicht gebaut würde, gaben die Grünen nach – und zwar, wie kommunalpolitische Beobachter berichteten, »zähneknirschend«.

Mülheim lichtet den Schilderwald – mit neuen Schildern

Geschichte wiederholt sich doch: Politische Gremien meinen es ernst mit dem Versuch, Bürokratie abzubauen. Sie werden unterlaufen von Bedenkenträgern, deren Totschlagargument jede Vernunft wegfegt.

Man weiß inzwischen, dass ein Autofahrer bis zu vier Warn- und Gebotsschilder registriert – das fünfte nimmt er nicht mehr auf. Mülheim an der Ruhr ließ dieser Einsicht Taten folgen. Das war im November 2009. Oberbürgermeisterin Dagmar Mühlenfeld blickte lächelnd in die Kamera, als sie ein gelbes Transparent hochhielt:»Weniger ist mehr!« Über 50 Prozent aller Schilder wurden behördlich abgeholt. Beteiligt war der ADAC, nach dessen Ansicht von rund 20 Millionen Verkehrsschildern auf deutschen Straßen ein Drittel überflüssig ist. Im Fall Mülheim waren dies rund 350 Verkehrszeichen und Werbetafeln. Die Oberbürgermeisterin wertete dies als»Rückkehr zum menschlichen Maß« – das könnte auch ein schöner Untertitel für dieses Buch sein.

Auch die Vorschläge der Bürger wurden umgesetzt, ebenso Einlassungen aus Politik und Wirtschaft berücksichtigt. Im Spätsommer 2013 stellt ADAC-Mitarbeiter Dr. Roman Suthold, der an dem Projekt beteiligt war, ernüchtert fest: In Mülheim sprießen wieder neue Schilder aus dem Asphalt. Wie konnte es dazu kommen?»Weil Juristen fragen: Ist bei einem Unfall die Kommune haftbar zu machen, weil kein Schild aufgestellt war?« Überall in Deutschland ist Mülheim. 1998 wurde die Straßenverkehrsordnung reformiert mit dem Ziel, den Schilderwald zu lichten. Die Kommunen mussten sich verpflichten, regelmäßig Verkehrsschauen abzuhalten, und zwar unter anderem mit auswärtigen Teilnehmern. Suthold:»Wenn Sie nur örtliche Mitarbeiter in dem Gremium haben, werden kommunale Interessen umgesetzt. Da gibt es den Bürgermeister, der vor seinem Haus Tempo 30 durchgedrückt hat, und der Kommunalvertreter in der Verkehrsschau will das Schild beibehalten. Also brauchen wir Unparteiische.« Überflüssige Schilder erkennt der Autofahrer auf Anhieb: Er sieht deutlich, dass er sich einem Flughafen nähert, und erst später steht auf der Warntafel: »Vorsicht, Flughafen!« Ein Stein hat sich vom Fels gelöst und schlägt auf den Koffer- raum, und hinter der nächsten Kurve warnt ein Schild: »Vorsicht, Steinschlag!« Dergleichen Schilder wurden mit der ersten Reform entfernt. Doch neue Schilder folgten auf dem Fuße. So wurde das Schild »Sackgasse« ergänzt durch das neue Schild: »Fußgänger und Radfahrer dürfen hier durch«. Andere Kommunen warteten ab, bis die Straßen so marode waren, dass sie komplett saniert werden mussten. Erst bei einer Komplettsanierung ist es möglich, Anwohner an den Kosten zu beteiligen.

Insgesamt, meint Dr. Roman Suthold, sei bei der Reform von 1998 nicht viel rumgekommen. Der Vorsatz, so wenige Schil- der wie möglich zu belassen, sei durch ständig neue Schilder teilweise unterlaufen worden. Dies alles getragen von der Absicht, Kommunen rechtlich abzusichern. Das Muster greift flächendeckend: In den politischen Gremien ist man guten Willens, die Bürokratie abzubauen. Der Vorsatz scheitert an den gehobenen Zeigefingern der Bedenkenträger, die mit dem Totschlag-Argument ihren Siegeszug pflastern: »Wer ist schuld, wenn etwas passiert?«

Ausgebremst – gefährliches Tempolimit

Wer am Tempolimit in den Kommunen rüttelt, setzt sich dem Verdacht aus, für Raser eine Lanze zu brechen. Doch überzogene Verbote führen oft zum Gegenteil des Gewollten.

Nach einem strengen Winter weisen zahllose Straßen Schäden auf: Sie haben Löcher so groß wie Warntafeln. Auf breiten Durchgangsstraßen, wo man problemlos mit Tempo 50 vorwärts käme, könnten wegen dieser Löcher die Stoßstangen von Autos Schaden nehmen, und Autofahrer könnten daraufhin die Kommune auf Schadensersatz verklagen. »Zum Beispiel wäre da Bonn zu nennen«, erläutert Jürgen Berlitz, Fachreferent für Straßenverkehrsplanung beim ADAC. »Dort kam man im Frühjahr mit dem Abdichten der Schlaglöcher gar nicht mehr nach.« Doch Kommunen haben nun einmal eine Sicherungspflicht. Um nicht verklagt zu werden, verwandelten etliche Städte die Tempo-50-Straßen in Tempo-30-Straßen.

Der Autofahrer ist mit einem Tempolimit konfrontiert, dessen Sinnhaftigkeit er beim besten Willen nicht mehr nachvollziehen kann. Berlitz erinnert an einen Radfahrer-Unfall mit tödlichem Ausgang in Hamburg – der Fahrer war in ein Schlagloch geraten und schwer gestürzt. »Vor Regressforderungen nach solchen Unfällen haben die Kommunen richtig Angst«, berichtet Berlitz. Grundsätzlich sollte sich die zugelassene Geschwindigkeit an der gegebenen Situation orientieren, meint der Referent. Tatsächlich aber agiert man in vielen Verkehrsämtern mit vorauseilendem Gehorsam: »Falls etwas passieren könnte an dieser und jener Stelle, dann haben wir den Autofahrer immerhin zuvor darauf hingewiesen.« Gerade im kommunalen Bereich sei man bei der Straßenausschilderung eher übervorsichtig – ein Indiz für die allgemeine Verunsicherung unter Verwaltungsbeamten.

Auch Autobahnbaustellen, auf denen monatelang kein Arbeiter zu sehen ist, unterliegen Geschwindigkeitsbeschränkungen – ebenso wie Baustellen auf Landkreisstraßen, an denen am Wochenende nicht gearbeitet wird, aber dennoch Tempo 30 ausgeschildert bleibt. »Man sollte auch fragen, welchen Sinn ein nächtliches Tempo-30-Gebot in Essen hat, das angeblich die Feinstaubbelastung senken soll.«

In München hat man andere Schlussfolgerungen gezogen: Dort habe man noch in den 1990er-Jahren den Verkehr betont restriktiv geregelt, berichtet Belitz. Dann habe sich die Einsicht durchgesetzt, dass rote Wellen auf Dauer nur Verdruss erzeugen und die Luft belasten. Also habe man sich davon verabschiedet.

Von gefährlichen Berufen und Weinbergverboten

Irrsinniges aus der Wirtschaft

Leistung wird bestraft

Leistung muss sich lohnen, fordert eine freiheitsliebende Partei. Falsch: Leistung muss bestraft werden, sagt die Bundeswehr – und setzt die Bewertung eines Beraters herab.

Ferdinand H. ist 11 Jahre alt und will schon in jungen Jahren den Ablauf der Welt begreifen – besonders in den Disziplinen der Naturwissenschaft. Auch in Mathe ist er nicht schlecht. Seine Lehrer vom Rostocker Gymnasium haben ihm im Zwischenzeugnis zweimal die Note »Eins« gegeben – zu Recht, da er ein heller Kopf ist und so viele Stunden gebüffelt hat. Und es ist kaum vorstellbar, dass Ferdinand zu seinem Rektor gerufen wird, der ihm leider eröffnen muss, dass es untersagt ist, einen Schüler im Zeugnis zweimal mit »Eins« zu benoten. Also bekommt er in Mathematik eine Zwei verpasst.

Was im Schulbereich undenkbar ist, praktiziert die Bundeswehr ohne mit der Wimper zu zucken. Frank H. ist 49 Jahre alt und glänzt durch seine Fähigkeit, die Talente anderer zu erkennen und in die passende berufliche Position zu bringen. Es ist naheliegend (auch im Heimatland der Neider), dass er mit dieser Tätigkeit zufriedenstellende Einkünfte erzielt. Bei der Bundeswehr fungiert er als Major der Reserve. Dann kam die Geschichte mit der Midlife-Crisis. Man muss sie nicht haben in diesem Alter, aber bei vielen kommt sie eben doch. Und so mancher gut situierte – männliche – Zeitgenosse will sich dann endlich einen Traum erfüllen, der die Zeit von Freiheit und Abenteuer ein bisschen verlängern kann: Das Zauberwort heißt Porsche. Das Land wimmelt von solariengebräunten Senioren, die einen 911er durch die Gegend fahren. Auch Frank H. war verflixt nah daran, sich einen Porsche zuzulegen. Dann kam er auf eine andere Idee, eine, die ihn noch einmal richtig fordern würde – Gas zu geben in einem Lebensbereich, der eher nach Hirnstärken als nach Pferdestärken verlangt. Als Major der Reserve ging er ins Kosovo und brachte sich mit seinem speziellen Talent ein: Auszuloten, wo Gemeinsamkeiten lagen zwischen den einheimischen Volksvertretern und den Führungsoffizieren der Bundeswehr. Das war sein Job, das konnte er gut, sogar sehr gut. Folgerichtig stand in seinem Bewertungsbogen zweimal »besonders gut geeignet«. Besser kann es eigentlich kaum laufen. Doch kurz darauf erhielt Frank H. einen Anruf aus der Bundeswehrbürokratie. Der Mann am anderen Ende der Leitung war hörbar peinlich berührt, tat aber auch nur seine Pflicht. Denn das Prädikat »besonders gut geeignet« darf in einem Bewertungsbogen der Bundeswehr nicht zweimal geführt werden. Mit anderen Worten: Was Frank H. geleistet hat, wird abqualifiziert, weil die Vorschriften das nicht zulassen, aus Gründen der Reglementierung. Und da sind wir wieder beim Schüler aus Rostock: hier undenkbare Praxis, dort normaler Wahnsinn.

Ein Apotheker geht in die Knie

Juristische Spitzfindigkeiten bringen Apotheker in Erklärungsnot. Sie wollen nicht vor dem Richtertisch stehen und weigern sich deshalb, harmlose Produkte zu verkaufen.

»Ich hätte gern Wundbenzin.« Den Apotheker Rolf Schindler kenne ich seit Jahren als humorvollen Menschen. Diesmal stehen Falten auf seiner Stirn. »Nur, weil Sie es sind. Normalerweise verkaufe ich keine Chemikalien mehr, obwohl sie im Regal stehen.« »Warum nicht?« »Zu bürokratisch. Ich müsste

Sie eingehend unterrichten.« Zum besseren Verständnis bittet mich Rolf Schindler, ihm ins Labor zu folgen. Auf dem Weg dahin ermahnt er mich – mit einer gehörigen Portion Ironie in der Stimme – stets in seiner Nähe zu bleiben und dringend zu vermeiden, herumstehende Chemikalien zu schlucken. Dann weist er mich auf eine Stolperfalle hin – eine Schwelle, die er nachträglich einbauen musste. Im Labor angekommen, schließt er die Tür. »Das ist Vorschrift«, murmelt er. Auf den ersten Blick ist diese Tür mit lustigen Aufklebern tapeziert.

Tatsächlich handelt es sich um Gefahrenhinweise über Brandgefahr, Vergiftungsgefahr – alles, was einem Menschen einfallen kann, um einen anderen vor Unheil zu schützen. Eine weitere, rückwärtige Tür ist verschlossen. »Das ist Vorschrift«, verkündet Rolf Schindler erneut, »damit kein Einbrecher herein kann und sich vor meinem Chemikalienschrank vergiftet.« Der Raum ist gekachelt, hinter den Arbeitsflächen stehen Regale mit zahllosen Gläschen, die grelle Aufkleber tragen. Hier findet sich auch das von mir gewünschte Wundbenzin. »Hinter dem Regal steht eine F-90-Wand«, erklärt Schindler ganz ohne Besitzerstolz, »die hält einen DIN-Brand von 90 Minuten aus. Alles genau geregelt.« Neben dem Regal hängt ein überdimensionales Plakat mit Dutzenden von Symbolen und Erklärungen. Damit ist es möglich, all die Aufkleber auf den mit Chemikalien gefüllten Gläschen zu identifizieren und die Gefahren einzuschätzen. Etwa ein Brandzeichen mit dem H-Satz 225, was bedeutet: »Brennbare Flüssigkeit«.

So auch auf dem Gläschen mit Wundbenzin, das auch mit dem Umweltsymbol bezeichnet ist. »Gewässergefährdend«, erklärt Schindler. Wir dürfen den Inhalt also nicht in den Main kippen, der einen Steinwurf entfernt durch das Tal fließt. Und nun müsste mir der Apotheker – wenn er mir das Wundbenzin verkaufen wollte – einen Vortrag über Risiken und Nebenwirkungen halten. Den Inhalt des Vortrags bestimmt ein Sicherheitsdatenblatt. Danach ist Schindler angehalten, bestimmte Vermerke auf das

Etikett zu schreiben, etwa »Berührung mit der Haut vermeiden!«. »Wie bitte?« Wundbenzin ist bekanntlich dazu da, Rückstände wie Pflaster-Klebstoff von den Händen zu entfernen. Was also soll dieser Hinweis? »Was da auf dem Etikett steht, ist Juristen eingefallen, und ich bin dazu da, im Beratungsgespräch diesen Widerspruch aufzuklären, und dann auch noch zu protokollieren und zu unterschreiben. Die Zeit hat niemand von uns, also verkaufe ich keine Chemikalien mehr.« Apropos Zeit: Was immer an Waren angeliefert wird, ist auf Identität und Reinheit zu untersuchen. Damit sind Mitarbeiter Stunden gebunden. Sodann werden die Chemikalien in genau genormte Gläschen abgefüllt. Selbst der Schraubverschluss unterliegt der Norm, die Steigung der Windung ist exakt festgelegt. Ich sehe mir die Gläschen in der Nachbarschaft des Wundbenzins genauer an. Eines trägt die Aufschrift »Aqua demineralisata« – demineralisiertes Wasser, dem die Ionen entzogen wurden. Auch dazu stehen Informationen auf dem Sicherheitsdatenblatt, etwa für den Fall, dass das Wasser versehentlich verschluckt wird: »Im Allgemeinen sind hier keine besonderen Maßnahmen notwendig«, ist zu lesen.

Die beschlagnahmte Zahnbürste

Es könnte ja sein, dass eine zum Verkauf angebotene Zahnbürste schon mal benutzt worden ist. Zwar findet sich rein äußerlich nicht der kleinste Hinweis für diesen Verdacht – doch ein Lebensmittelkontrolleur beschlagnahmte sie. Ihm war wohl langweilig.

Heimlich, still und leise schleicht sich der Apotheker nachts in seine Apotheke, öffnet im Licht einer Taschenlampe die

Verpackung einer Zahnbürste, geht nach Hause, putzt sich die Zähne, schleicht wieder in die Apotheke zurück und verstaut die gebrauchte Zahnbürste so fachmännisch in der Verpackung, dass sie aussieht wie neu. Glauben Sie nicht? Wir auch nicht. Aber ein Beamter der Würzburger Lebensmittelaufsicht wollte das nicht so ganz ausschließen. Also beschlagnahmte er die Zahnbürste zwecks amtlicher Kontrolle – womöglich aus Langeweile. Die Verpackung der Zahnbürste war weder angerührt noch verschmutzt. Doch Aufseher müssen eben beschäftigt sein.

In der Würzburger Eulen-Apotheke sind die Kontrolleure der städtischen Lebensmittelüberwachung gern gesehene Gäste. Immer wieder unterbrechen sie den grauen Arbeitsalltag mit abstrusen Einlagen, mit denen Apotheker Rolf Schindler nicht im Traum gerechnet hatte. Da wäre die Geschichte mit der Zahnbürste. Um nachzuweisen, dass die Bürste nicht etwa schon in Gebrauch war, nahm sie der Lebensmittelkontrolleur zur speziellen Untersuchung mit ins Amt. Als kleine Gegenleistung hinterließ er – weil es so in der Verordnung steht – ein sogenanntes »Rückstellmuster« – das ist ebenfalls eine Zahnbürste, amtlich versiegelt, die dem Apotheker als Beweis dafür dienen soll, dass sich ein verwandtes Exemplar in behördlicher Aufsicht befindet. Auf dem »Rückstellmuster« steht Folgendes geschrieben: »Amtliche Gegenprobe – Inhalt: Eine Wechselkopf-Zahnbürste. Mittel.

Wer, ohne amtlich zugelassener Sachverständiger zu sein, an der Probe, ihrer Verpackung oder dem amtlichen Verschluss/ der Versiegelung eine Veränderung vornimmt, macht sich nach Paragraf 136 Strafgesetzbuch strafbar.« Nach Ablauf des amtlich festgeschriebenen Datums könne das Siegel gelöst und der Inhalt »in zulässiger Weise« verwendet werden. Die Verpackung trägt nun das Amtssiegel der Stadt Würzburg. Gezeichnet: Die Lebensmittelüberwachung des Amtes für öffentliche Ordnung der Stadt Würzburg. Der gesamte Vorgang ist noch einmal auf einem gelben Zettel festgehalten, den der Apotheker für alle Zeiten aufbewahrt: »Vielleicht eröffne ich ja mal ein Apotheken-Museum«, meint Schindler lächelnd. Ebenso wenig hatte sich der Apotheker dabei gedacht, als er in seinem Schaufenster für den Förderverein des »Freilandmuseums Bad Windsheim« Werbung machte, dessen dritter Vorsitzender er ist. Als Prämienexemplar für Neumitglieder stellte er einen fränkischen Bocksbeutel dazu. Das war der Fehler.

Es heißt zwar, Frankenwein sei Krankenwein, aber im Schaufenster einer Apotheke hat diese Arznei dennoch nichts verloren. Der Lebensmittelpolizist nahm den Bocksbeutel mit – und hinterließ auch in diesem Fall ein »Rückstellmuster« – das heißt einen amtlich versiegelten Bocksbeutel, den nur ein amtlich vereidigter Sachverständiger öffnen, aber keinesfalls leer trinken darf. Dabei wollte Schindler den besagten Frankenwein gar nicht verkaufen. Aber: »Selbst wenn ich ihn verschenken würde und er vorher im Schaufenster stand, könnte es sein, dass der Inhalt jemandem schadet. Wer haftet dann?« Also wurde dem Apotheker höchst richterlich verboten, weiterhin seine Schaufenstergestaltung durch einen Bocksbeutel aufzulockern.

Drei Fragen, Rolf Schindler

Frage: Warum überfällt mich jedes Mal der Zorn, wenn ich versuche, einen Beipackzettel von Medikamenten zu entschlüsseln – zum Beispiel, um in Erfahrung zu bringen, in welcher Dosierung ich das Medikament nehmen soll. Wenn überhaupt, erfahre ich dies im Kleingedruckten auf Seite 6, nachdem ich mich durch all die Warnhinweise durchgearbeitet habe, die mich auf die Gefahren von Impotenz, Blut im Stuhl, Kopfschmerzen oder Ausschlag aufmerksam machen. Was steckt dahinter?

Schindler: Der Beipackzettel ist eigentlich nicht für Sie gedacht. Er dient der Rechtssicherheit der Hersteller, die im Bedarfsfall immer sagen können: Es stand doch auf dem Beipackzettel, hätten Sie aber lesen müssen! Wenn Sie sichergehen wollen, fragen Sie Ihren Apotheker. Wir haben schließlich eine Beratungspflicht.

Frage: Aus welcher Ecke stammt die Überreglementierung, die Apotheker schikaniert?
Schindler: Wir haben nur Bürokratie – der Staat hat den Krankenkassen so viel Macht zugesprochen, dass sie uns unzählige Vorschriften machen können, und jede Kasse erlässt Vorschriften anderer Art.

Frage: Noch ein Beispiel, Herr Schindler!
Schindler: Mit einem Bein stehe ich immer im Gefängnis. Da gibt es eine Reglementierung besonderer Art: Ein Jurist hat überlegt, was ein Papier zum Rezept macht – was alles darauf zu finden sein muss. Wenn etwas fehlt, ist es keine Unterlassung, sondern eine Straftat. Das heißt, es muss auch das Geburtsdatum auf dem Rezept stehen. Wenn das nicht der Fall ist und ich gebe das Medikament dennoch raus, begehe ich eine Straftat. Stellen Sie sich vor, es kommt während des Nachtdienstes ein Kunde mit Rezept ohne Geburtsdatum. Der Mann braucht dringend ein Mittel gegen sein Asthma. Dann könnte es besser sein, der hustet sich hier tot und ich bekomme eine Anzeige wegen unterlassener Hilfeleistung, als dass ich ihm das Medikament gebe und mir daraufhin Berufsverbot droht.

Riskante Geburtshilfe

Dank eines Paragrafen können Hebammen für Schäden haftbar gemacht werden, die sie nicht verursacht haben. Die Absicherungsgesellschaft will es so. Katharina Jeschke, Präsidiumsmitglied des Deutschen Hebammenverbands, erklärt uns, wer oder was daran schuld ist, dass bundesweit über 20 Prozent aller Hebammen das Handtuch geworfen haben; Tendenz steigend.

Hebammen garantieren die fachliche Betreuung von Mutter und Kind vor, während und nach der Geburt. Falls sich während der Geburt Komplikationen abzeichnen, ziehen sie einen Arzt hinzu. Nach der Geburt obliegt der Hebamme die Wochenbettbetreuung, die bis zu acht Wochen andauern kann. Dabei hat sie die psychische und körperliche Entwicklung von Mutter und Säugling im Auge. Insgesamt leistet die Hebamme vom Beginn der Schwangerschaft bis zum Ende der Stillzeit für Mutter und Kind medizinische und psychosoziale Hilfe.»In aller Regel hört eine Hebamme unzählige Fragen«, sagt Katharina Jeschke.

Kaum eine Schwangere oder eine junge Mutter könne sich noch an ältere Frauen in der Familie wie Mütter, Großmütter oder Tanten wenden, weil oft der familiäre Zusammenhalt fehlt oder die einzelnen Familienmitglieder weit entfernt voneinander wohnen. Deshalb sei die Beratungsleistung ihrer Zunft exorbitant gestiegen. Im weitesten Sinn versteht sich die Hebamme Katharina Jeschke als eine Anwältin junger Mütter. Besonders das Stillen liegt ihr am Herzen, es sei ein sehr hohes Gut für Mutter und Kind. In den späten 1960er- und 70er-Jahren sei man aus verschiedenen Gründen fast davon abgekommen.»So etwas darf nie wieder passieren«, meint Katharina Jeschke. Heutzutage bereitet ihr eine andere Entwicklung große Sorgen : »Es ist das sich durch die gesamte Gesellschaft ziehende Bestreben, sich in allen Lebensbereichen umfassend gegen Risiken abzusichern und andere schon im Vorhinein für eventuell auftretende Schäden haftbar zu machen. Diese Absicherungsstrategien wirken sich auch negativ für Hebammen aus.« Denn sollten bei einer Geburt Fehler passieren und muss aus diesem Grund teure Medizintechnik zum Einsatz kommen, dann sind unter Umständen hohe Schadenersatzforderungen fällig. Hier kann es für die einzelnen Geburtshelferinnen sehr brisant werden.

»Die Regierung unter Gerhard Schröder hat im Zuge der Reform des Gesundheitswesens den Krankenkassen und Rentenversicherungsträgern eine Möglichkeit zur Geldeinnahme geschaffen, die Konsequenzen für den Beruf der Hebammen hat«, erklärt Katharina Jeschke. »Der Regress-Paragraf besagt, dass sich die Kassen die Kosten für ein geschädigtes Kind wiederholen können. Und zwar beim Schädiger, also bei der Hebamme.« Wie die Kassen das anstellen, ist ihnen weitgehend selbst überlassen. »Haben die Krankenkassen das Geld einmal eingetrieben, können sie es nach Gutdünken ausgeben – und genau das macht für sie die Regresse so attraktiv.

Ungefähr 10 Prozent der Gesamteinnahmen kommen zwischenzeitlich aus diesen Schadensersatzforderungen. Also sind sie beim Geldeintreiben hoch motiviert.« Die Folge ist zum einen, dass bei den Versicherungen viel mehr Schadensmeldungen eingehen, obwohl sich die absolute Zahl von Schadensfällen, die im Zuge von Geburten auftreten, nicht erhöht hat. Zum anderen – sind die Summen, die für einen Schaden zu bezahlen sind, in den vergangenen Jahren drastisch angestiegen. In diesem Zusammenhang erweisen sich die Aufklärungspflichten rund um die Geburt für Hebammen, aber auch für Eltern als schwieriges Gelände. Müssen doch alle möglichen und unmöglichen Risiken im Vorhinein erläutert werden. Auf der Basis dieser Informationen sollen Eltern eine mündige Entscheidung treffen können. Eine schwangere Frau ist jedoch nur noch bedingt frei in ihrer

Entscheidungsfindung. Sie muss das Kind schließlich gebären. Diese umfassende und alle Eventualitäten berücksichtigende Art der Aufklärung führt also nicht zu einer freien Entscheidung, sondern schürt die Angst vor den Risiken einer Geburt.

Hebammen, die Frauen vor diesen Ängsten bewahren möchten, indem sie nicht alles ansprechen, laufen folgende Gefahr: Man könnte ihnen eine Verletzung der Aufklärungspflichten vorwerfen. Dann aber werden sie in die Haftung eines Risikos genommen, obwohl sie sich nicht das Geringste vorzuwerfen haben. Hinzu kommt, dass die Verjährungsfristen für vermeintlich durch die Schuld der Hebammen entstandene Schäden 30 Jahre betragen. Was das praktisch für die Geburtshelferinnen bedeutet? »Stellen Sie sich vor«, malt Katharina Jeschke ein Szenario aus, »die Tochter eines Akademikerpaares schafft das Abitur nicht. Da könnte die Frage im Raum stehen: Wer ist daran schuld? Hat die Hebamme vor Jahrzehnten einen Fehler gemacht? Daraufhin wird die Geburtsakte analysiert. Problematisch dabei ist, dass sich in dieser Zeit nicht nur die geburtshilfliche Leistung verändert hat. Es wird auf andere Sachverhalte Wert gelegt, es werden andere Dinge als hilfreich oder gefährlich eingeschätzt, auch die Dokumentationsvorgaben haben sich verändert.

Doch allein aufgrund der Dokumentationsdefizite kann die Hebamme dann in Haftung genommen werden. Das ist das Problem. Geburtshilfe ist damit in erster Linie riskant für die Hebamme, die diese ausübt.« Wie sie diese Entwicklung persönlich einschätzt? »Dass es so weit kommen konnte, ist ein großer, gesellschaftlicher Skandal«, meint Jeschke. »Aber wenn die Gesellschaft eine solche Absicherungsstrategie wünscht, wird diese von den Politikern auch umgesetzt. Dabei geht aber das Vertrauen in die Fähigkeiten der Hebammen und das Wissen um die Natürlichkeit des Geburtsprozesses verloren. Es diskreditiert einen über Jahrhunderte gewachsenen Beruf.«

Wie man Kinder vor Tagesmüttern schützt

Tagesmütter sind für Kinder da – wer will das bezweifeln? Doch es gibt einen höheren Daseinszweck: die Bürokraten in Brüssel. Für die sind Tagesmütter nämlich Lebensmittelunternehmer. So kann man Kinder besser vor ihnen schützen.

Christina H. ist 42 Jahre alt, verheiratet, die beiden Kinder Alf und Erika sind 9 und 12 Jahre alt. Die Familie bewohnt eine geräumige Vier-Zimmer-Wohnung in Berlin-Charlottenburg. Seit die gelernte Restauratorin ihren Beruf aufgegeben hat, ist sie mit Leib und Seele Tagesmutter: Andere Mütter bringen ihre Kinder in die Wohnung der Familie H., wo sie gemeinsam mit Alf und Erika betreut werden. Das will gelernt sein – meinen die Tagesmütter, von denen es in Berlin ungefähr 1 300 gibt. Das meint auch das Berliner Jugendamt – doch das legt diese Auffassung komplett anders aus. Wer ist schuld, wenn ein betreutes Kind körperlichen oder seelischen Schaden davonträgt, nur weil die Tagesmutter den Intelligenzquotienten eines Nilpferdes aufweist? Richtig: Man muss ihnen Auflagen erteilen, bis ihnen der Spaß am Job gründlich vergeht.

Warum sollte sich auch eine Tagesmutter mit den Kleinen beschäftigen, wenn es Sinnvolleres zu tun gibt? Als da wären: fortlaufend die Temperatur des Kühlschranks kontrollieren; exakt dokumentieren, welches Lebensmittel wo eingekauft worden ist; in einem ausführlichen Reinigungs- und Desinfektionsplan festhalten, was wie wo geputzt und desinfiziert worden ist. An den Küchenfenstern sind Fliegengitter anzubringen, und das Parkett in der Küche ist herauszureißen, da Fliesen leichter zu reinigen sind. Außerdem braucht die Küche ein zweites Waschbecken zum Reinigen der Hände. Gemeinsames Plätzchenbacken kann auch abgehakt werden: Kinder dürfen den Teig nicht mehr probieren, wenn rohe Eier verwendet wurden. Beim Einkaufen sind die Kassenbons aufzubewahren. Wenn Tagesmütter alles richtig machen wollen, sperren sie am besten die Kinder in einen Kinderhort, um tagsüber den Auflagen der EU-Aufpasser nachzukommen. Und warum dieser Berg an Bestimmungen? Tagesmütter werden einer EU-Verordnung zufolge als Lebensmittelunternehmerinnen eingestuft, und zwar in ganz Europa. Da die Bundesländer für die Überwachung zuständig sind, wird diese Verordnung je nach Land unterschiedlich umgesetzt. So zitiert der Berliner *Tagesspiegel* die Mitarbeiterin eines Veterinäramtes, die sich weigert, bei der Kontrolle von Tagesmüttern dieselben Kriterien anzusetzen wie in Großküchen. Eine Grünen-Politikerin meint, man werde versuchen, die EU-Richtlinien »mit Verstand und Herz« umzusetzen. Merke: Sobald der Bürokraten-Wahnsinn die Schallmauer durchschlägt, gibt es praxisorientierte Menschen, die über ihren Schatten springen – und gleichzeitig gegen Verordnungen verstoßen. Wer ahndet das?

Landwirte und ihr genormter Allerwertester

Fast 20 Jahre hat die EU vorgeschrieben, wie das Gesäß europäischer Bauern beschaffen sein muss, denn die Traktorensitze unterlagen einer strengen Norm. Erst 2005 hat das Parlament die Allerwertesten der Landwirte dem Zugriff der EU entzogen.

Der Landwirt Fritz K. in Niedersachsen bestieg seinen Traktor jahrelang mit gemischten Gefühlen – denn der schmächtige Mann rutschte auf seinem genormten Traktorsitz bei holpriger Fahrt hin und her wie eine Lottokugel in der Mischwanne. Ganz andere

Sorgen hatte sein Kollege Franz Josef M. im Regierungsbezirk München. Der kräftig gebaute Mann fühlte sich eingequetscht wie eine Tulpenzwiebel im Blumenbeet. Sieben Jahre und harte Auseinandersetzungen waren nötig, bis die Gesäß-Verordnung auf dem Müll landete. Die Geschichte begann in Bayern. Nach Informationen des *Deutschlandfunks* gab eine bayerische Traktorenfirma den Ausschlag für die neue Norm, weil sie eigene Ziele flächendeckend durchsetzen wollte.

Nach anderen Quellen war ein bayerischer Bauer von seinem Traktor gefallen und hatte sich dabei erheblich verletzt. Die Versicherung zahlte nicht, weil der Traktor eines ausländischen Herstellers mit einem Sitz ausgestattet war, der deutschen Normen widersprach. So entstand die EU-Richtlinie zum Traktorsitz: Die Brüsseler Bürokraten waren nicht von sich aus aktiv geworden, sondern wurden aufgefordert, eine Norm für die Sitze auszuarbeiten. Schließlich mussten auch die Juristen in den Versicherungen überzeugt werden. Fortan fand sich die Traktorensitz-Verordnung als abstruses Beispiel für die Brüsseler Reglementierungswut in den Zeitungsspalten. Wer sich amüsieren wollte, musste nur den Wortlaut der Richtlinie 78/764/EWG lesen: »Führersitz ist der einer einzigen Person Platz bietende Sitz, der für den Führer bestimmt ist, wenn dieser die Zugmaschine führt.« Oder: »Sitzbezugspunkt (S) ist der Punkt in der Längsmittelebene des Sitzes, in dem sich die Tangentialebene am unteren Teil der gepolsterten Rückenlehne mit der Horizontalebene auf der Sitzfläche schneidet; diese Horizontalebene schneidet ihrerseits die Oberfläche des Sitzes 150 Millimeter vor dem Sitzbezugspunkt (S).« Das alles gilt nun – zum Glück – nicht mehr. Europas Landwirte dürfen sich wieder den Sitz aussuchen, der ihnen passt – sogar mit dem Segen der Versicherungen.

Weinbergverbot für Winzer

Die Weinberge rund um den Drachenfels zählen zu den ältesten und malerischsten Anbaugebieten Deutschlands. Dahinter ragen die Steinriffe des sagenumwobenen Berges in die Höhe. Wer ist schuld, wenn ein Winzer von einem herabfallenden Stein getroffen wird?

»Es ist besser die Entdeckung einer Flasche als die eines Sterns«, so steht es seit über 100 Jahren über dem Eingang des Weingutes Broel in Rhöndorf. Die Weinberge des Inhabers Karl-Heinz Broel liegen fast zur Hälfte unter dem Drachenfels, einem nördlichen deutschen Anbaugebiet. Der Spruch, der über dem Eingang steht, bezieht sich vermutlich auf das Herannahen des Halleyschen Kometen im Mai 1910. Damals machten Weltunterganszenarien die Runde.

Doch im Jahr 2013 sollte es für die Winzer noch dicker kommen: Aufgrund einer behördlichen, allseits als völlig überzogen bewerteten Entscheidung haben sie ihre Existenz riskiert. »Ich habe mich von den Felsen niemals bedroht gefühlt«, sagt Broel. »Es ist eine sehr geringe Gefahr, mit der ich seit Jahrzehnten lebe.« Stolz führt er durch die etwas finsteren Weinkeller. An einer Mauer entzündet er eine Kerze: Hier hat sich Konrad Adenauer verewigt, in Tateinheit mit Franz-Josef Strauß. Man schrieb das Jahr 1947, das Geld war knapp und der Wein rar. Heute plagen den Winzer andere Sorgen. Durch die behördliche Überreaktion gab es sehr bedrohliche Phasen: »Ich dachte, es ist aus mit uns. Die Weine, die wir im Keller haben, kamen mir ungeheuer wertvoll vor. Wir wussten nicht, ob wir jemals wieder Wein ernten können würden.« Was ihn stört, ist die Unverhältnismäßigkeit der behördlichen Entscheidung: Statt verschiedene Szenarien zum Schutz der Winzer gegen Steinschlag durchzuspielen, hat die Bezirksregierung Köln den Winzern schlichtweg untersagt, die Weinberge zu betreten – und dies zu Zeiten der Weinlese. Nicht nur die Weinbauern reagierten entsetzt. Ein weiterer Winzer, Bobbi Pieper, machte aus seinem Zorn keinen Hehl: »Das stinkt zum Himmel!« Seine Empörung wurde von prominenten Politikern geteilt, die nach Rhöndorf gekommen waren, um an Sympathiekundgebungen teilzunehmen. Seit dem Jahr 893 wird rund um den Drachenfels bei Bonn Weinanbau betrieben. Heute sind rund 25 Hektar bewirtschaftet. In den 1980er-Jahren wurden erste kleine und mittlere Steinschläge registriert, welche die Winzer nicht weiter störten. Allerdings ist sich Bobbi Pieper sicher: »Die zuständige Stadt Honnef hätte schon vor 30 Jahren Sicherungsmaßnahmen ergreifen können.

Doch getan hat sich nichts. Stattdessen wurden zuerst die Wanderwege gesperrt, und jetzt dürfen wir nicht mehr auf unsere Weinberge.« 10 000 Euro Strafe hat man ihm angedroht, falls sich einer seiner Mitarbeiter auf dem Weinberg blicken lässt. Immerhin liegen 70 Prozent seines Bestandes in der gesperrten Zone. Tatsache ist: Statt rechtzeitig Sicherungsmaßnahmen einzuleiten, haben die Behörden abgewartet. Erst als es nicht mehr anders ging, haben sie die Winzer vor sich selbst geschützt. Besser, so die amtliche Denkweise, die Weinbauern geben ihre Höfe auf, statt sich einem Risiko auszusetzen. Das ist jedoch nach deren Einschätzung gering – und könnte noch geringer sein, hätte die zuständige Kommune früher gehandelt.

Auch der frühere Bundesarbeitsminister Wolfgang Clement versteht die Welt nicht mehr. Bei einem spontanen Besuch in Rhöndorf erklärte er, sich für die betroffenen Winzer starkmachen zu wollen. »Wir brauchen jetzt eine Lösung aus dem Stand«, zitiert der Bonner *General-Anzeiger*. Schließlich hatte der Winzer Pieper selbst die Initiative ergriffen und einen Gutachter beauftragt. Der schlug einen 50 Meter breiten versetzbaren Schutzzaun als ausreichend vor. Die Behörden allerdings bevorzugen eine Radikalsicherung: Wenn kein Krümel mehr talwärts kullern soll, muss ein

Zaun von mindestens 200 Metern Breite her. Das wird richtig teuer und dauert lange. Bei der Lektüre der Lokalzeitungen fällt auf, dass in den Berichten nur selten die beteiligten Behörden genannt werden. Warum das so ist? »Da mischen bereits so viele Behörden mit«, meint Pieper, »die können ja gar nicht mehr zurück. Allein fünf Ministerien sind beteiligt, die Bezirksregierung, eine Stadtverwaltung und andere mehr.« Nach seiner persönlichen Gefahreneinschätzung befragt, erklärt Pieper: »Es ist wahrscheinlicher, vom Blitz erschlagen zu werden als von einem Stein in unseren Weinbergen.« Die Behörden folgten einer anderen Logik: Es gibt nur eine perfekte Möglichkeit, den Winzer vor Steinschlag zu schützen: indem man ihn vom Weinberg aussperrt. Klappe zu, Affe tot. »Der Wein macht mutig zum Streiten«, steht auf einem der Holzfässer von Karl-Heinz Broel. Nicht nur die Winzer waren im Herbst 2013 in Kampfbereitschaft: »Die komplette Bevölkerung steht hinter uns. Auch die Politik. Jeder schüttelt über die Entscheidung der Bezirksregierung den Kopf.« Sein Winzerhof wurde 1742 gegründet. Ums Haar hätte er 2013 schließen müssen, weil eine Behörde »alles richtig« machen wollte.

Nachtrag: Angeregt auch durch das enorme Medienecho auf den Behördenirrsinn, schritten die Rhöndorfer für »ihre« Winzer zur Tat. Bei einer Versammlung lud ein Ortsbürger dazu ein, sogenannte »Weinwanderungen« in den gesperrten Lagen zu unternehmen. Eine große Zahl der Ortsbürger entdeckte die eigene Wanderlust, Winzer waren von der Veranstaltung ausgeschlossen. Der Autor war persönlich dabei, als die mit gutem Schuhwerk ausgestatteten »Wanderer« von den Weinbergwegen abwichen, sich zwischen die Rebstöcke schlugen und Rebscheren zückten. Die gesamte Weinernte der betroffenen Winzer wurde während mehrerer solcher Wanderungen auf diese Art gerettet, mehr noch: Die Winzer, die um ihre Existenz fürchteten, atmeten auf – und die Weisungen einer Behörde, deren maßlose Überregulierung sogar Politiker auf den Plan rief, wurde auf originelle

Weise unterlaufen. Vom Einfallsreichtum der Rhöndorfer lässt sich eine Scheibe abschneiden.

Sicher ist nur der Tod

Wir gehen keine Risiken mehr ein. Die Menschen sichern sich gegen Tod und Teufel ab – und die Berater verdienen kräftig mit.

Hermann Sander hatte sich an der Universität in Köln eingeschrieben, und zwar im Studienfach Volkswirtschaftslehre. An einem Vormittag des Jahres 1998 hatte der ehrgeizige 26-jährige Student auf dem Campus zum ersten Mal eine Begegnung, die für sein Leben nicht ohne Folgen bleiben sollte. Er traf einen Versicherungsmakler. »Wir Deutschen neigen dazu, uns komplett abzusichern«, sagt Sander heute, nicht ohne Selbstironie. In diesem Drang, Sicherheit für sich und für eine später gewünschte Familie zu schaffen, lief Hermann Sander in die Falle, so wie viele vor und nach ihm. Doch das wurde ihm erst Jahre später klar. Als junger tatkräftiger Mann war er daran interessiert, ein kleines Vermögen zu bilden. Da kam ihm der Makler, der routinemäßig Studenten berät, gerade recht. Dessen Agentur hatte sich auf Akademiker spezialisiert, eine Berufsgruppe, die meist nach der langen Ausbildung über gute und beständige Einkünfte verfügt. »Diese Makler gaben sich ganz offen und haben ihr Gegenüber nicht mit Fachbegriffen verunsichert«, erinnert sich Sander. »Die haben sich einfach nach den jeweiligen Wünschen erkundigt.« Sanders Antwort war: Innerhalb von etwa fünf Jahren etwas Geld sichern und dann eine Wohnung kaufen. »Dann brauchen Sie eine Lebensversicherung, die Sie später für die Immobilie beleihen können«, lautete der Rat, dem Hermann Sander gerne folgte. Als er dann seinen ersten Arbeitsvertrag unterzeichnete, meldete sich sogleich der Makler. Nun ging es ans Eingemachte. »Obwohl ich selbst als Ökonom tätig war, wollte ich mich nicht so sehr mit Details befassen, man hatte ja mit seinem ersten richtigen Job genug zu tun«, erinnert sich Sander heute.

Für die meisten Zeitgenossen sei dieses Lebensversicherungsgeschäft schließlich eher ein unangenehmes Thema, und als junger Mann hatte er einfach keine Lust gehabt, das Kleingedruckte zu lesen. Sander hatte den Maklern blind geglaubt und unterschrieben. Bei den diversen Gesprächen wurden weder die Provision noch die Verwaltungskosten der Versicherung angesprochen. »Allerdings haben wir es beim Vertragswerk mit einem Produkt zu tun, das der Kunde absolut nicht verstehen kann«, erklärt Sander. Auf den Rat des Maklers hin hatte er damals noch zwei weitere Lebensversicherungen abgeschlossen und erst später herausgefunden, dass das eine wirkliche Fehlentscheidung gewesen war.

Es handelte sich um eine Kombination von Lebensversicherung und Vermögensaufbau und alle drei Versicherungen zusammen kosteten ihn monatlich 350 Euro. »Die versprachen eine Verzinsung von bis zu neun Prozent. Nach 13 Jahren sehe ich: 15 000 Euro gingen allein für Provision und Verwaltungskosten drauf.« Mehr noch: Der Abschluss einer Lebensversicherung entbehrte jeden Sinn. Wenn die Bank einen Kredit für einen Immobilienkauf gewähre, so Sander, dann sei es ihr völlig egal, ob die Sicherheiten aus einer Lebensversicherung oder anderen Quellen stammen. Die Provision für Makler ist allerdings am höchsten, wenn sie eine Lebensversicherung verkaufen. Dazu kommt, dass sich nicht ermitteln lässt – auch nicht auf Anfrage – was von den Einzahlungen an Provision oder Verwaltungskosten draufgeht. Das bittere Resümee für Hermann Sander: Er ist falsch beraten worden und hat einen hohen Preis gezahlt. Andere haben damit nicht schlecht verdient. Heute ist Dr. Hermann Sander Dozent an einer Hochschule im Rheinland. Er erzählt den Studenten seine Leidensgeschichte – und hat damit bereits zahllose »Nachahmer« vor den Tücken der Absicherung bewahrt. Hatte nicht die Politik Ende der 1990er-Jahre geraten: Sichere dich ab, sorge vor? Dem ist der junge Sander gefolgt, und in diese Lücke stießen die Makler – in einer Zeit, in der der Verbraucherschutz gegen die Wildwest-Methoden mancher Versicherungsgesellschaft eindeutig die schlechteren Karten hatte.

Bauen und Wohnen – künstlich verteuert

»Wohnen muss finanzierbar bleiben«, heißt es nicht nur auf Wahlplakaten. Es gibt auch Zusammenschlüsse von Immobilienverbänden und staatlichen Stellen, die besonders jungen Leuten bezahlbares Wohnen ermöglichen wollen. Wenn da nicht immer neue Bauauflagen wären.

Das junge Ehepaar Jakob und Marianne L. lebte mit dem kleinen Sohn in einer Mietskaserne am Rande von Münster. Der Blick aus dem Fenster bot ihnen vor allem trostlosen Waschbeton. Das Paar sparte fleißig und konnte einiges Geld auf die Seite legen. Sie hofften, in drei, vier Jahren eine eigene Wohnung kaufen zu können – sie wussten gleichzeitig auch, dass Immobilien immer teurer werden. Als sie in der Lokalzeitung von einem Zusammenschluss von Bauwirtschaft und staatlichen Stellen lasen, freuten sie sich, wollte dieses Bündnis doch konkrete Maßnahmen ergreifen, um Bau- und Wohnkosten zu senken. Vier Jahre gingen ins Land. Jakob und Marianne L. rieben sich die Augen, als sie schließlich Angebote für die begehrte Wohnung einholten: Die Kosten hatten sich in einem ungeahnten Umfang erhöht. Das Bündnis von Wirtschaft und Behörden war zwar fleißig, aber eine endlose Reihe immer neuer und teils aberwitziger Bauvorschriften – sowohl auf Bundes- wie auch EU-Ebene – hatten die Immobilienkosten explodieren lassen. Und sie explodieren immer weiter.

»Wohnen ist ein menschliches Grundbedürfnis und heißt mehr als ein Dach über dem Kopf«, heißt es in einer Erklärung des Landes Nordrhein-Westfalen und den im Land ansässigen Immobilien-Verbänden. Gemeinsam stellten sie ein »Bündnis für Wohnen« auf die Beine mit dem Ziel, für junge wie für alte Menschen das Wohnen erschwinglich zu gestalten. Ein solches Bündnis erschien sinnvoll, da das Bauen – auch politisch bedingt – stetig teurer wird. Ursache war und ist ein sich verschärfendes Ordnungsrecht auf Bundesebene. Alexander Rychter, Direktor des Verbandes der Wohnungs- und Immobilienwirtschaft Rheinland-Westfalen, erklärte gegenüber dpa: »Ein immer weiter verschärftes Ordnungsrecht sorgt dafür, dass wir uns günstigen Wohnungsraum systematisch wegbauen und wegsanieren.« Von der Politik forderte Rychter mehr Augenmaß für das Machbare: Immer höhere energetische Anforderungen und Nutzungsverpflichtungen, was erneuerbare Energien angeht, treiben die Baukosten in die Höhe. Durch ständig neue Reglementierungen erreiche die Politik das Gegenteil des ursprünglich Gewollten. So komme es nicht zu mehr, sondern zu weniger Gebäudesanierungen. Wir trafen Alexander Rychter vor der Baustelle eines Mehrfamilienhauses in Düsseldorf – einer Stadt, die für ihre hohen Mietpreise bekannt ist. Rychter stellt zunächst Vergleiche an: »Einerseits führen wir Diskussionen über bezahlbaren Wohnraum. Gleichzeitig bringt die Bundesregierung eine neue Energiesparverordnung, die noch einmal – in zwei Schritten, 2014 und 2016 – eine Energieersparnis von 12,5 Prozent erbringen soll.« Jeder dieser Schritte werde die Bauunternehmen mit höheren Baukosten belasten. Diese Kostenschraube bewege manchen Unternehmer zu der Entscheidung, von Neubauten die Finger zu lassen, weil es sich nicht mehr lohnt.

Es kommt aber noch dicker. Ab 2020 muss laut einer EU-Richtlinie jedes neue Gebäude nahezu in Passiv-Standard-Weise errichtet werden – technisch so ausgefuchst, dass der Energieverbrauch gegen null tendiert. Die Kosten für solche Gebäude seien enorm hoch. Wenn es dann keine Alternative mehr gibt? »Dann muss man den Leuten einfach sagen, was ein solches Gebäude kostet – und was das für die Miete bedeutet! Die Schere klafft immer weiter auseinander, in den letzten (knapp) zehn Jahren sind die Baukosten um 30 Prozent gestiegen. Das ist vielfach das Ergebnis von Reglementierungen, Normen und Verordnungen, deren Sinnhaftigkeit immer mehr zu hinterfragen ist.« Die Folgen sind klar: Wer es sich leisten kann, senkt etwa dank der eigenen Körperabwärme die Energiekosten im Niedrig-Energiehaus (dank teurer Sensortechnik schon längst machbar), während junge Familien in Altbauten wohnen, deren Sanierungszustand beklagenswert ist. Doch auch der Staat beteiligt sich an dem System, das Bauen unattraktiv macht. Etwa bei der Altbausanierung. Der Fiskus erkennt die Herstellungskosten nur dann an, wenn Hauskäufer ein altes Gebäude modernisieren und wenn die Summe 15 Prozent des Kaufpreises übersteigt. Andernfalls erkennt die Behörde auf »Instandhaltungs- und Modernisierungskosten«, und die können – im Gegensatz zu Herstellungskosten, sofort von der Steuer abgesetzt werden. Würde die Behörde auf diese Unterscheidung verzichten, wäre das Renovieren in vielen Fällen deutlich preiswerter. Das »Bündnis für Wohnen«, das Wohnen gerade auch für jüngere Menschen wieder attraktiv machen wollte, hat einen schweren Stand angesichts der Verordnungswut in der Baubranche.

Eines der Zauberwörter mit eingebauter Arbeitsplatzgarantie für Bürokraten heißt »Wärmeschutzverordnung«. Das Internet-Nachschlagewerk »Genios – Lexikon des bürokratischen Wahnsinns« hat diese Verordnung unter die Lupe genommen. Begonnen hat alles Ende der 1970er-Jahre, nach der Ölpreisexplosion. Seitdem regelte die Bürokratie Mindestanforderungen an den Wärmeschutz in Neubauten und »optimiert« diesen ständig, sagen die einen. Andere sagen, dass sie weit über das Ziel hinaus schießt. Wie auch immer, vor 12 Jahren wurde die Energieeinsparverordnung erlassen, die vierte Fassung wird vermutlich 2014 auf uns zukommen. Heißt im Klartext: Wer baut, der muss sich mit noch mehr Bürokratie herumschlagen und mit noch höheren Kosten rechnen. Kräftig die Hände reiben dürften sich dagegen Energieberater, Bauunternehmer, Handwerker, Hersteller von Dämmmaterial und Energiespartechnologie. Hier aber legt der Verband der Wohnungs- und Immobilienwirtschaft sein Veto ein: Dort, wo sich Menschen keine höheren Mieten leisten können, unterbleiben aufwendige Sanierungen.

Von Erbsen- und Pillenzählern

Tonnenweise wandern Arzneimittel unverbraucht in den Müll – weil das Gesetz es so will. Ein Arzt in Würzburg versuchte das zu ändern. Kompetenz und gesunder Menschenverstand sollten ausreichen – dachte er.

Ein Arzt verschreibt einem Bewohner eines Pflegeheims ein Mittel gegen Bluthochdruck. Kurz darauf verstirbt der Patient an den Folgen eines Herzinfarkts. Von den 50 Tabletten der Packung sind allerdings erst vier verbraucht. Nun fragt der besorgte Verordnungsgeber: Wer ist schuld, wenn die restlichen 46 Tabletten in die falschen Hände kommen? Oder durch die Inkompetenz des

Arztes einem Patienten verabreicht werden, dem das Präparat gar schadet? Also muss die angebrochene Verpackung in den Müll wandern. Ein volkswirtschaftlicher Wahnsinn, befand der Würzburger Arzt Dr. Albrecht Wördehoff und rüstete sich zum Kampf gegen Windmühlen – in diesem Fall den vorauseilenden Absicherungskomplex der Krankenkassen.

»Man sollte annehmen, dass ich als ausgebildeter Arzt in meiner Verantwortung weiß, was ich verordne und was nicht«, resümiert Dr. Wördehoff. Doch die Vertreter der Kassen ticken anders. Der Vorschlag des Arztes, angebrochene Medikamenten- packungen in seine Obhut zurückzunehmen und im Bedarfsfall neu zu verordnen, löste bei den Schreibtischarbeitern der Kassen eine Vorstufe von Panik aus. Dabei wäre die Geschichte ganz einfach zu lösen: Jeder Arzt, der – etwa in einem Krankenhaus oder Pflegeheim – angebrochene Medikamente zurücknimmt, protokolliert den Vorgang (wenn es denn unbedingt sein muss) und gibt die Tabletten nach Bedarf an andere Patienten ab. Der Mann hat schließlich einen hippokratischen Eid abgelegt – im Gegensatz zu den Vertretern der Kassen. Denen war das Vor- preschen des fränkischen Mediziners einerseits suspekt, weil die Gefahr drohte, dass festgezurrte Vorschriften unterlaufen werden könnten. Andererseits sollten auf Empfehlung des Bay- erischen Staatsministeriums die Arzneimittelkosten auf breiter Front gesenkt werden. Also saß man in einer Zwickmühle, aus der es nur eine Form des Entrinnens gab: noch mehr Bürokratie.

Ein Vorgang, der nach menschlichem Ermessen nur eines kurzen Protokolls bedurft hätte, mündete in endlose Be- sprechungen mit Vertretern von Kassen und Berufsständen sowie Dutzende von Niederschriften wie »Etablierung eines gemeinsamen Sprechstundenbedarfs und Notfalldepots aus Rückläufen gemäß Paragraf 7 Pflegeheimvertrag – Operationa- lisierungsvorschlag auf der Grundlage der Abstimmung mit der Heimaufsicht und dem MDK gemäß Gespräch vom 26.02.2007 der KBV«. Danach ist die »Befüllung eines gemeinsamen Sprechstundenbedarfs« minutiös geregelt. Um ganz auf Nummer sicher zu gehen, muss ein Patient folgende Einverständniserklärung unterzeichnen: »Ich bin damit einverstanden, dass die mir verordneten Arzneimittel bei Wegfall des Bedarfs einer Neumedikation, Heilung oder im Falle meines Ablebens in den Sprechstundenbedarf der Ärzte des Praxisverbundes aufgenommen werden.« Neben Ort, Datum und Unterschrift ist auch die Telefonnummer aufzuschreiben. Immerhin schaffte es ein Vertreter der AOK, sich in einem Schreiben an die Beteiligten bei Dr. Albrecht Wördehoff für die »schnelle Umsetzung dieses Pilotprojekts« zu bedanken. Dem Allgemeinmediziner war es nach langem und zähem Ringen gegen die Kassenbürokratie gelungen, die Einrichtung eines Schrankes mit angebrochenen Medikamenten im Seniorenstift »Juliusspital« durchzusetzen. Entnahmen aus dem Schrank sind natürlich zu protokollieren.

Wenn Krankenkassen herumdoktern

Ein Kassenarzt würde sich um Kopf und Kragen reden, plauderte er aus der Praxis. Daher heißt er in unserem Fall Dr. Georg P. Der Mann ist Mitte 40 und frühzeitig ergraut. Das verdankt er auch der Kassenärztlichen Vereinigung, den Krankenkassen und abstrusen gesetzlichen Bestimmungen.

Dr. P. verarztete eine Patientin, die er nach einer unkomplizierten Operation für kurze Zeit arbeitsunfähig geschrieben hatte. Wenige Tage nach der Entlassung aus dem Krankenhaus erhält Dr. P. Post von der AOK, die in ihrem Briefkopf mit dem Hinweis auf ihre »zertifizierte Servicequalität« für sich wirbt. In dem Brief von der Krankenkasse heißt es: »Betreff: Arbeitsunfähigkeit von Frau XY. Sehr geehrter Herr Dr. P., wir klären zurzeit gemeinsam mit dem Medizinischen Dienst der Krankenversicherung, ob ggf. eine persönliche Beratung zur Einleitung der Maßnahmen, die z. B. der Wiederherstellung der Arbeitsfähigkeit dienen, erforderlich ist. Bitte senden Sie den beiliegenden Vordruck ausgefüllt an uns zurück.« Und nun werden seitenweise Fragen gestellt – etwa, welche Tätigkeit die Versicherte ausübe, ob ein Zeitpunkt des Wiedereintritts der Versicherten absehbar sei, welche Diagnosen bestünden.

Die Antworten auf diese Fragen müsste die AOK eigentlich längst kennen, denn dafür hat sie die Durchschläge der Krankenhauseinweisung und der Arbeitsunfähigkeitsbescheinigung erhalten, so Dr. P. Auf diesen Dokumenten sind nämlich Diagnosen und das voraussichtliche Ende der Arbeitsunfähigkeit exakt bescheinigt. »Durch Zufall bin ich dahintergekommen, dass es sich hier um reine Fleißarbeit handelt«, berichtet Dr. P. Anfangs hat er die Formulare fleißig ausgefüllt – doch in keinem einzigen Fall habe die Kasse auf eine seiner Rücksendungen reagiert. Seither wandert die erste Anfrage einer Kasse bei ihm konsequent in den Schredder – und zwar ohne irgendwelche Folgen, obwohl die Ärzte per Sozialgesetz verpflichtet sind, derlei »Anfragen« binnen drei Werktagen zu beantworten. Dr. P.: »Wenn dann bei der Krankenkasse irgendwann mal auffällt, dass diese dringende Anfrage nicht beantwortet wurde, wird gelegentlich eine zweite losgeschickt, obwohl der Patient längst wieder seiner Arbeit nachgeht.« Damit nun die Angestellten der Kassen den jeweiligen Fall abschließen können, lässt Dr. P. seine Mitarbeiterinnen den Sachverhalt telefonisch klären.

Wenn es nur immer so leicht wäre. Ein Arzt, der sich eigentlich primär seinen Patienten widmen will, wird zu Fleißarbeiten am Schreibtisch regelrecht gezwungen. Da gibt es etwa den »Antrag auf einen Antrag« für den Fall, dass er einen Patienten zur Kur schicken möchte. Um diesen Antrag überhaupt ausfüllen zu dürfen, muss er sich einer Schulung unterziehen. Sonst gilt er als »nicht qualifiziert«. Als Dr. P. am Anfang seines Berufslebens stand, wurde der Tatendrang des jungen Mannes erstmals durch ein 500 Seiten umfassendes Papier gebremst. Es ist in Karton gebunden und trägt den Titel »Aushangpflichtige Gesetze und andere wichtige Vorschriften im Gesundheitswesen«. »Ich war wie erschlagen«, erinnert sich Dr. P. an die Bleiwüste.

Der Arzt wird auf Details der Röntgenverordnung verwiesen, auf Regelungen im Arbeitsschutzgesetz, in der Bildschirmarbeitsverordnung oder der Gefahrenstoffverordnung. Selbst Aufgaben des Eisenbahn-Bundesamtes werden ihm und anderen Medizinern zur Kenntnis nahegelegt. Um nicht wegen erwiesener Unkenntnis einen Gefängnisaufenthalt zu riskieren, wäre es anzuraten, das ganze Werk auswendig zu lernen. Allerdings ist die Schrift in einem Deutsch verfasst, welches sich ohne juristischen Beistand nicht erschließt. Es kommt noch dicker. Denn es gibt außerdem das Büchlein »Fit für die Praxisbegehung«. Darin steht alles über Datenschutz, Hygiene und Schutz der Beschäftigten.

Da existiert beispielsweise ein Infektionsschutzgesetz, dem zu entnehmen ist, dass in ärztlichen Praxen Waschbecken mit Überlaufloch verboten sind. Schließlich könnte sich theoretisch hinter dem Loch ein kleiner Überlauffilm mit Bakterien bilden. »Das ist einfach grotesk«, kommentiert Dr. P. »Ich bin der Einzige, der sich hier die Hände wäscht.« Weiterhin müssen die PCs über eine abwischbare Folientastatur verfügen, und selbst wenn die Böden fein säuberlich gefliest sind, kann die Behörde die Praxis dennoch von heute auf morgen schließen: Sämtliche Böden müssen flüssigkeitsdicht versiegelt sein. Ein anderes Beispiel: Ein Arzt möchte einen Flachbildschirm als Monitor für seine schwangeren Patientinnen aufstellen, damit diese ihren Nachwuchs besser erkennen können, und kauft im nächsten

Elektronikmarkt ein passendes Modell. Doch das wäre viel zu einfach. Laut Vorschrift hat er einen TV-Schirm zu erwerben, welcher dem Medizinproduktgesetz entsprechen muss, damit für die Patienten keine technischen Gefahren von ihm ausgehen. Dies muss schließlich turnusgemäß in einer teuren sicherheitsrelevanten Überprüfung nachgewiesen werden, deren Ergebnisse selbstverständlich in einem extra Gerätehandbuch zu protokollieren sind. Entsprechende zugelassene Geräte seien schier unbezahlbar, berichtet Dr. P. All diese Vorhaltungen – und noch viele mehr – sind praktisch und in der Summe nicht anwendbar und werden wohl auch in keiner Arztpraxis komplett erfüllt.

Doch noch einmal: Allein wegen eines Waschbeckens, das ein Überlaufloch aufweist, kann eine Praxis nach einer Kontrolle geschlossen werden. »Es spricht sich in der Ärzteschaft herum, dass dergleichen bereits geschehen ist,« erklärt Dr. P. »Wenn diese Herrschaften etwas finden wollen, was ihnen nicht passt, dann werden sie garantiert auch fündig – egal, in welcher Praxis die Kontrolle stattfindet.«

Menschen erhalten ihr Honorar oder Einkommen auch für die Tatsache, dass sie sich mit grotesken Auswüchsen der Bürokratie herumärgern müssen. Allerdings fragt sich Dr. P., welche Leistungen er eigentlich genau erbracht hat, wenn er allmonatlich seine Honorarabrechnung von der Kassenärztlichen Vereinigung bekommt. »Wenn ich das lese, verstehe ich nur Bahnhof!«

Seitenweise wird ein Punktesystem dokumentiert, das mit unzähligen Zahlen, Tabellen und Fachbegriffen durchsetzt ist. »Ich habe keine Ahnung, was das im Einzelnen bedeutet. Das sind Instrumente der Mangelverwaltung!« Die Liste der Gängelungen lässt sich ohne Ende fortsetzen. Ein abschließendes Beispiel soll genügen. Viele ärztliche Leistungen unterliegen der Berichtspflicht. Das bedeutet für Dr. P. die Verpflichtung, bei jeder Ultraschalluntersuchung dem Hausarzt des Patienten einen schriftlichen Befundbericht zukommen zu lassen: »Was in der

Regel den Hausarzt nicht die Bohne interessiert!« Unterlässt er aber diese Pflicht, kann Dr. P. die Untersuchung nicht abrechnen. Konsequenterweise würden nun Hausärzte mit einer Unzahl von Befunden überflutet, die in der Praxis nicht von Belang sind. Dr. P: »Ich würde also pro Arbeitstag zusätzlich etwa eineinhalb Stunden am Schreibtisch sitzen und unerbetene Befunde schreiben – für nichts und wieder nichts.« Also lässt er sich von seinen Patienten unterschreiben, dass sie der automatischen Befundübermittlung widersprechen.

In der Summe führen die Gängelungen zu einem Verlust an Lebensqualität – was Dr. Thomas Kriedel von der Ärztekammer Dortmund auf den enormen Kostendruck zurückführt. Dadurch, so Dr. Kriedel, würden Leistungen, die aus ärztlicher Sicht sinnvoll seien, häufig nicht gewährt: »So ist es auch die Absicht der Bürokratie, Ärzte davon abzuschrecken, zu verschreiben, was sie für richtig halten. Wir haben es mit einem mangelnden Vertrauen der Kassen zu tun, die der Ärzteschaft schlichtweg den Willen absprechen, zu erreichen, dass es ihren Patienten gut geht. Also wird gegängelt ohne Ende.«

Bauordnung: Bald geht gar nichts mehr

Bauauflagen sind wichtig. Schließlich soll uns die Decke nicht auf den Kopf fallen. Mittlerweile sind Bauauflagen aber so widersprüchlich und widersinnig, dass mancher Investor sich auf den Tag freut, an dem »überhaupt nichts mehr geht«.

Mögen Sie diese geräumigen, hellen Gründerzeitwohnungen im Zentrum historischer Städte? Mit hohen Decken und alten, honigfarbenen Parkettböden? Abendessen mit Freunden am großen Holztisch, Frühstück auf dem Balkon mit Blick auf den Park? Besonders Letzteres ist wichtig: »Wohnungen sind nur noch mit Balkon vermittelbar, besonders im Kernbereich der Kommunen«, weiß der Kölner Investor André Peto. Doch egal, ob Sie in München, Dresden, Frankfurt oder Hamburg zu Hause sind: Wenn Ihr Nachbar etwas gegen so einen Frischluftvorbau hat, machen Sie nichts. Die Bauordnung – je nach Länderrecht leicht variierbar – lässt keinen Anbau mehr zu, selbst wenn der Denkmalschutz grünes Licht gibt. Und das hat Folgen.

Noch einmal Investor Peto: »Heute ist ein Wohnhaus ohne Balkon praktisch wertlos.« Bis vor wenigen Jahren ließ die Bauordnung bezüglich neuer Balkone praktikable Lösungen zu, so musste lediglich eine bestimmte Abstandsfläche zum Nachbarn eingehalten werden. Neuerdings gilt: Ein Balkon läuft rechtlich auf eine »Nutzungsänderung« der Fassade hinaus. »Das ist mehr als absurd, das ist Wahnsinn«, meint Peto resignierend. Denn das bedeutet, dass die gesamte Fassade als Abstandsfläche gilt, eine Änderung – etwa durch den Anbau von Balkonen – ist damit so gut wie unmöglich, sobald ein Nachbar Einspruch erhebt. Auf diese Weise seien zahlreiche Häuser mit hohem Wohnwert für Mieter und Käufer uninteressant. Auch für Investoren gilt bei immer mehr Objekten: Finger weg. Doch das Beispiel »Balkone« ist nur eines von vielen für die Reglementierungswut im Baurecht. Laut Peto »tut sich ein Endszenario auf, in dem alles – jede Veränderung – nur noch auf dem Klageweg erreichbar ist«.

Die Alternative lautet Gerichtsentscheid oder kompletter Stillstand.

Es geht sogar noch schlimmer: Wenn Beamten der Wust von Vorschriften über den Kopf wächst und nur noch die Wahl bleibt, diesen Kopf in den Sand zu stecken, dann verwundert es nicht, wenn haarsträubende Kompromisse bewusst in Kauf genommen werden. Die ebenfalls in Köln ansässige Architektin

Isolde Rebscher verbürgt sich vor Zeugen dafür, dass sich die folgende Geschichte so und nicht anders zugetragen hat: Viele Hausdächer, die sich über zwei Etagen erstrecken, werden als Wohnraum genutzt: Sowohl das Dachgeschoss, an dem die Dachneigung beginnt, als auch der darüberliegende Raum unter dem Spitzboden – das ist jene Etage, die unmittelbar unter der Spitze des Daches liegt. Die Haustreppe reicht normalerweise nur bis zum Dachgeschoss, von dort führt eine interne, vom Treppenhaus unabhängige Stiege zum Spitzboden weiter. Was aber tun, wenn es ganz oben brennt und der Weg zur Treppe durch das Feuer versperrt ist? Der Fluchtweg war bisher einfach und klar: Man stieg über das Dachflächenfenster aus und stand dann auf der Dachgaube, die mit einem Schutzgeländer versehen ist. Von dieser Fläche aus konnten die Bewohner von der Feuerwehr gerettet werden. Diese Regelung hatte sich in der Praxis bewährt.

Nun reicht der Verwaltung diese Vorsorgemaßnahme nicht mehr aus. Neuerdings muss das Treppenhaus komplett bis in den Spitzboden laufen, um einen weiteren Rettungsweg zu garantieren. Sonst darf dieses Dach nicht mehr als Wohnfläche genutzt werden. Isolde Rebscher: »Aus den Äußerungen der Bauherren geht meistens hervor, dass sie das Spitzdach dennoch als Wohnraum – oft als Kinderzimmer – ausbauen wollen, obwohl im Bauantrag der Raum als Abstellfläche ausgewiesen ist.« Die bisher üblichen Sicherheitsmaßnahmen, also der Ausstieg über die Gaube, entfällt damit. Sonst wäre schon von der Außenansicht her erkennbar, dass die Absicht besteht, die oberste Dachfläche als Wohnraum zu benutzen.

Diese Maßnahme geschieht allerdings erst dann, wenn sowohl der Architekt als auch die Verwaltung den Fall abgeschlossen haben. Anders formuliert: Wenn es wirklich brennt unter dem Dach und der Weg zum Treppenhaus ist versperrt, existiert kein Rettungsweg über die Dachgauben mehr – dank einer Entscheidung des Bauamts. In einem Gespräch mit der Verwaltung hat Isolde Rebscher ausdrücklich auf diesen Sachverhalt hingewiesen – und traute ihren Ohren nicht, als einer der Zuständigen erklärte, in diesem Fall müsse man eben abwarten, bis ein Mensch ernsthaft zu Schaden komme. Dann erst habe man einen Anlass, die Auslegung der Gesetze zu ändern.

Kostentreiber im Aufzugsschacht

Wie verteuert man Mietkosten? Indem man ein System, das gerade auf Herz und Nieren geprüft wurde, noch einmal prüft. Das ergibt keinen Sinn, bringt aber Umsatz.

Fahren Sie gern Aufzug? Nein? Ich auch nicht. Wir haben ein natürliches Gefühl für eine gesunde körperliche Distanz zu wildfremden Menschen. Diese ungeschriebenen Gesetze gelten im Aufzug nicht. Man möchte manchmal den Atem anhalten: Haut an Haut, Tuch an Tuch mit Zeitgenossen, von denen man lieber ein paar Lichtjahre entfernt wäre. Aber mehr unangenehme Momente stellen sich in der Regel im Aufzug nicht ein. Oder hatten Sie jemals Angst, dass das Seil reißen könnte und der Fahrstuhl mit Ihnen im Höllentempo nach unten jagt? Fahrstühle werden regelmäßig auf Herz und Nieren geprüft. Der TÜV und andere Institutionen stehen für die Sicherheit dieser Beförderungsmittel gerade. Das geht so weit, dass – zusätzlich zur normalen Wartung – Gefahrensituationen simuliert werden, um Fehler frühzeitig zu erkennen. Dabei werden tragende Systeme kontrolliert und gesichert, die Fahrstuhlzugänge werden auf alle Funktionen überprüft und die elektrische Steuerung wird durchgetestet. Sicherer geht es nicht – schließlich sind wir Deutschen ja bekannt für unsere Gründlichkeit. Meinte der TÜV Rheinland und korrigierte sich im selben Atemzug: Es geht noch sicherer, wenn man eine elektronische Sonderprüfung für Aufzüge verabschiedet – obwohl deren elektronische Funktionssicherheit doch eben erst im Rahmen der Hauptprüfung attestiert worden ist.

Rudolf van Megen traute seinen Augen nicht, als er Post vom TÜV bekam. Der Unternehmer verwaltet zahlreiche Wohnobjekte mit Aufzügen. Das Schreiben, ausgestellt im September 2012, beginnt mit einer selbstverständlichen Bemerkung: »Überall, wo Technik zum Einsatz kommt, spielt Sicherheit eine übergeordnete Rolle – so auch bei Aufzügen.« Klar – schließlich geht es um Menschenleben. Dann wird das Schreiben konkret: »Nach unseren Unterlagen haben Sie noch keine Prüfung der elektrischen Sicherheit durchführen lassen.« Wie bitte? Herr van Megen hat die Sicherheit der elektrischen Steuerung gerade erst ermitteln und dokumentieren lassen. Dies reicht aber neuerdings nicht mehr aus. Und nicht zu vergessen: Jede dieser »Zwischenprüfungen« kostet 250 Euro, was sich natürlich summiert, wenn man mehrere große Mietshäuser zu verwalten hat, und was letztlich auf die Mieter umgelegt wird. Rudolf van Megen hatte allenfalls für den letzten Satz des Schreibens volles Verständnis: »Über Ihren Auftrag freuen wir uns!« Und wie! »Diese Erfindung einer elektronischen Sonderprüfung riecht nach Lobbyismus«, befindet van Megen. »Da wäscht eine Hand die andere, und wir sind ziemlich machtlos.« Doch Arbeit bringt Geld – das gilt auch für Arbeit, die niemand braucht. Die Mieter der Häuser können sich jedenfalls über eine Steigerung der Nebenkosten um durchschnittlich zwei Prozent »freuen«.

Eine gestandene Fahrlehrerin beginnt bei null

Fahrlehrer haben mehr als Benzin im Blut. Sie können auf jahrzehnte-
lange Erfahrung zurückblicken. Doch eine Durchführungsverordnung
degradiert Profis zu blutigen Laien.

Ursula Georg verfügt über ein dickes Fell. Ironie und Hartnäckig-
keit sind in ihrem Beruf unabdingbar: Seit über 20 Jahren verhilft
sie Menschen zur Fähigkeit, Pkw, Lkw oder Motorräder beherr-
schen zu können. Die gestandene Fahrlehrerin hat sich darauf
spezialisiert, Frauen zu unterrichten: »Sobald wir unter uns sind,
arbeitet es sich ungezwungener.« Wir treffen Ursula Georg in
einer Passage der Venloer Straße in Köln, wo sie ihre Fahrschule
betreibt. Sie sitzt am Schreibtisch, über ein Formular gebeugt,
und schlägt die Hände über den Kopf zusammen: »Ich fasse es
nicht.« Ihre Ratlosigkeit gilt einer Ausbildungs-Diagrammkarte,
die sie der Bundesvereinigung der Fahrlehrerverbände verdankt.
  Der Zweck dieser Karte wird so zusammengefasst: »Sie dient
der systematischen und sicheren Ausbildung unter Beachtung
der energiesparenden und umweltschonenden Fahrweise.« So
weit die Theorie. »Eine gute Fahrlehrerin orientiert sich auch
daran, in welcher Verfassung der Proband gerade ist«, sagt sie
resignierend. »Mal lernt er schneller, mal langsamer. Ich muss
aus meiner Verantwortung heraus entscheiden, wie und was
ich an Fahrregeln vermitteln kann.« Diese Verantwortung nimmt
ihr die Ausbildungs-Diagrammkarte ab. Mehr noch. Wer immer
eine solche Karte entworfen hat, stellt die Kompetenz erfah-
rener Fahrlehrer infrage. Stattdessen entsteht der Eindruck,
hier seien komplette Anfänger am Werk, denen vorgeschrieben
werden muss, was sie zu tun und zu lassen haben. Praktisch
bedeutet das für Profis wie Frau Georg, dass nach einer ersten
Einweisung der Fahrschülerin eine Liste abzuhaken ist: Hat sie

denn auch beim Einsteigen ins Fahrzeug alle Besonderheiten beachtet? Ist der Sitz richtig eingestellt? Dann muss sie auf der Karte ein Kreuzchen machen. Passt das Lenkrad, der Spiegel, die Kopfstütze? Kreuzchen. Wenn die Schülerin anfahren will, ist dann überhaupt der Motor angelassen? Kreuzchen. Ist das Rechts-vor-links-Schild richtig erkannt und erklärt? Kreuzchen. Dutzende von Kreuzchen sind während jeder einzelnen Fahrt zu setzen, denn das Ausfüllen ist Teil der Durchführungsverordnung für Fahrschüler. Nie und nimmer lässt sich nach Ursula Georgs Auffassung aus den Diagrammen ableiten, ob eine Fahrschule wirklich gut ist: »Die Qualität erkenne ich eher an der Durchfallquote.« Allerdings weiß die Fahrlehrerin auch von Kollegen, die nach der Schulung einfach die Kästchen der Reihe nach ankreuzen. Das spart Zeit und Nerven – und erhält darüber hinaus die Selbstachtung gegenüber einem System, das Profis entmündigt. Als Reaktion auf diese ihr unsinnig erscheinende Vorgabe ist Ursula Georg wohl nicht als Einzige aus dem Fahrlehrerverband Nordrhein ausgetreten.

Auch über andere widersinnige Vorschriften regt sie sich auf: So würde sie liebend gern einmal in einem Cabriolet schulen, doch darf sie darin keine Prüfung abnehmen. Nur fünftürige Limousinen sind dafür zugelassen. Man unterstellt, dass die Insassen bei einem Unfall aus einem Fünftürer leichter herauskommen als aus einem drei- oder viertürigen Cabriolet, in dem der Prüfer auf der Rückbank sitzt. Weitere bürokratische Schikanen machen Fahrlehrern das Leben schwer, das hat Folgen. Ursula Georg: »Fast alle Fahrlehrer haben heute einen zweiten Job zur Absicherung.«

Dreharbeiten: Spiel mit dem Feuer

Einerseits sichern wir uns gegen alles und jedes ab. Andererseits blenden wir himmelschreiende Gefahren einfach aus. Zum Beispiel bei Dreharbeiten für Film und Fernsehen.

Von einem freiberuflichen Kameramann, der anonym bleiben möchte, wissen wir, dass bei Dreharbeiten Situationen in Kauf genommen werden, in denen die Beteiligten Angst um Leib und Leben haben – und keine Berufsgenossenschaft schaltet sich ein. Die folgenden Beispiele sprechen für sich. Vollsperrung einer Autobahn für den Film: In einer Actionszene soll der Held einen Bösewicht verfolgen. Der Böse fährt mit einem Pickup zwischen den »normalen« Autofahrern Slalom. Dabei kippt er Kartons von der Ladefläche, um seinen Verfolger zu behindern. Die Kartons fallen auf die Fahrbahn. Die Komparsen in den anderen Fahrzeugen und sein Verfolger versuchen, den Kartons auszuweichen. Hinter dem Fahrzeug des Helden fährt der Kamerawagen. Auf einer Plattform, die direkt über dem Asphalt fährt, steht der Kameramann – und der sorgt sich um seine Sicherheit: »Was passiert, wenn wir auf eine der Kisten auffahren?«, fragt er den Produktionsleiter. »Keine Sorge«, antwortet der. »Die Kisten sind ultraleicht.« Was der Produktionsleiter nicht weiß: Ausstatter hatten zuvor befunden, dass der Zuschauer an der Art des Aufpralls erkennen kann, wie leicht die Kisten sind. Also ließ er Kloschüsseln in die Kartons setzen. Es sollte krachen, wenn die Kartons stürzen. Als es so weit war, zerbarsten die Kloschüsseln in messerscharfe Splitter, die dem Kameramann um die Ohren flogen. Er kam mit dem Schrecken davon, nachdem der Fahrer des Cam-Cars eine Vollbremsung hingelegt hatte.

Beispiel zwei. In einem Actionfilm soll ein Auto in hohem Bogen auf einen Schrottplatz knallen. Dazu wird ein schwerer

Sattelzug platziert, auf den ein dickes Eisenrohr von fünf Metern Länge montiert ist. Am oberen Ende des Eisenrohres steckt das innen hohle Auto wie ein Korken auf einer Sektflasche: Das Rohr führt durch den Kofferraum bis in den Motorblock. Dann wird das Rohr mit einem Druck von 300 Bar aufgeladen. Bei 16 Metern, so hat man berechnet, soll der Aufschlag erfolgen. Das Kamerateam soll drehen, wie das Auto auf die Kamera zufliegen wird. Aus Sicherheitsgründen steht das Team 23 Meter vom berechneten Aufschlagpunkt entfernt. Was die Verantwortlichen nicht bedacht haben: Das Auto bleibt nach dem Aufschlag nicht liegen, sondern prallt von der Erde ab und fliegt weiter. Es bewegte sich auf das Kamerateam zu, das durch den Blick auf die Monitore die Gefahr nicht gleich erkannte. Stuntmen, die neben dem Team standen, packten die Kameraleute und rissen sie zur Seite. Der Wagen schlug auf den Kameras auf. Der Schaden war beträchtlich, die Menschen kamen auch hier mit einem eisigen Schrecken davon.

Beispiel drei. Ein Dreh im Hallenbad. Der gekachelte Boden ist nass. Unser Kameramann trägt ein 12 Kilogramm schweres Gerät auf den Schultern und fürchtet, auszurutschen. Am liebsten wäre er barfuß gelaufen, doch das lässt die Berufsgenossenschaft nicht zu. Der Betriebsleiter fordert den Kameramann auf, über seine Schuhe blaue Kunststoffsäcke zu ziehen. So verlangt es die Vorschrift. Da es beim Dreh hektisch zugeht, verstärkt der Kunststoff die Rutschgefahr erheblich. Als der Kameramann erklärt, dass es nun wirklich gefährlich werden könnte, teilt man ihm lapidar mit: »Du bist freiberuflich hier. Wenn du nicht spurst, dreht ein anderer.« Unser Gewährsmann an der Kamera kann uns von zahllosen weiteren Situationen berichten, die für die Beteiligten zum Teil lebensgefährlich waren. Von Vertretern einer Berufsgenossenschaft war jeweils weit und breit nichts zu sehen.

Der Brandsatz im Feuerlöscher

Wenn Michael Fuchs, ehemals Leiter der Arbeitsgruppe Bürokratieabbau in der CDU-Fraktion, an seine Zeit als Unternehmer zurückdenkt, ärgert er sich noch heute über Bürokraten mit Zentimetermaß.

Die Geschichte trug sich in Koblenz Ende der 1990er-Jahre zu. Damals zeichnete Michael Fuchs für ein Hochregallager und eine Druckerei als Unternehmer verantwortlich. »Das Unternehmen lief prima«, erinnert er sich. In den Räumen waren etwa 150 Feuerlöscher angebracht – exakt nach einer Vorschrift, die genau angibt, wie viele Löscher pro Quadratmeter auf welcher Höhe zu installieren sind. Eines Tags erhielt Michael Fuchs Besuch von der Gewerbeaufsicht. Nirgendwo konnten die Kontrolleure etwas finden, was sie hätten beanstanden können. Schließlich holten sie ihre Zentimetermaßbänder heraus, überprüften die Hängung der Feuerlöscher und kamen zum Schluss, dass diese deutlich zu hoch hingen. »Außerdem traten die Herren auf wie von der heiligen Inquisition«, erinnert sich Fuchs. Ein Mitarbeiter bohrte neue Löcher und hängte die Geräte um. Einige Wochen später kamen Abgesandte der Berufsgenossenschaft in das Unternehmen von Michael Fuchs. Der traute seinen Ohren nicht, als er das Urteil der Beamten vernahm: »Die Feuerlöscher hängen zu tief!« Und nun platzte Fuchs der Kragen. Er drohte den Prüfern an, sie zu verklagen, und forderte sie auf, ihren »Befund« mit der Gewerbeaufsicht abzustimmen oder ihn anzuzeigen. Die Geschichte ging schließlich aus wie das Hornberger Schießen. Nach einem zugestellten Mahnbescheid verlief die Sache im Sand. »In all diesen Fällen von Überregulierung steckt stets irgendeine Lobby dahinter«, urteilt er aus seiner Erfahrung als Parlamentarier heute.

Drei Fragen, Rolf Kroker

Dr. Rolf Kroker ist Leiter des Wissenschaftsbereichs Wirtschafts-politik und Sozialpolitik am Institut der deutschen Wirtschaft in Köln. Eines seiner Spezialgebiete ist der Abbau von Büro-kratie. Er ist überzeugt davon, dass die Überregulierung noch viel schlimmere Folgen nach sich zieht als nur eine Lähmung der Wirtschaft.

Frage: Welche konkrete Alltagssituation im Zusammenhang mit dem Thema Überregulierung fällt Ihnen ein, die uns alle betrifft?
Kroker: Jeder von uns hat Nachbarn. Und manchmal finden wir, dass dessen Hecke zu hoch ist, oder wir ärgern uns, weil seine Kinder immer die Bälle auf unsere Rosen werfen. Nun könnten wir das alles im zwischenmenschlichen, direkten Austausch regeln, aber das ist uns vielleicht zu aufwendig. Denn schließlich besteht ja die Möglichkeit, den Nachbarn auf dem Behördenweg oder über den Anwalt in seine Schranken zu weisen. Dann sind wir froh, dass es diese Möglichkeit der Reglementierung gibt. Wenn wir darauf zurückgreifen, sind wir, wie so viele andere auch, in irgendeiner Weise an diesem System beteiligt. Nun ist das nur ein kleiner Baustein aus dem großen Mosaik, aber auch er gehört zu den Reglementierungsmechanismen, die diese Gesellschaft lähmen.

Frage: Weshalb sprechen Sie davon, dass unsere Freiheit ge-fährdet ist?
Kroker: Nehmen wir an, Sie sind Produktionsleiter und haben eine zündende Idee für einen neuen Geschäftszweig. Dann kommen Ihre Berater und warnen: Wie soll das mit der Ar-beitsschutzverordnung, mit Brandschutzbestimmungen, mit Bauvorschriften und anderen Regelwerken mehr in Einklang zu bringen sein? Aus Angst, 150 Verordnungen zu verletzen und

mit einem Bein im Gefängnis zu stehen, verwerfen Sie die Idee. Dieser Mechanismus ist auf viele andere Lebenssituationen zu übertragen. Wir ersticken unsere Kreativität. Das hat mit demokratischer Freiheit nichts mehr zu tun. Diese Denkweise gleicht einer Krake, die uns umfängt.

Frage: Wie darf man sich die DNA dieser Krake vorstellen?
Kroker: Man muss sich davor hüten, zu glauben, die Bürokratie sei für die Belange der Bürger da. Bürokratie ist ein Instrument, das sich selbst rechtfertigt und sich ständig neu erfindet, ja legitimiert. Man könnte sich nun die DNA dieser Bürokratie zu eigen machen, ihre Mechanismen studieren und sie dann von innen heraus bekämpfen. Es gilt die Formel: Sobald eine Bürokratie eine bestimmte Größe erreicht hat, ist sie in der Lage, sich selbst zu beschäftigen. Wir sind ja Gewohnheitstiere: Sobald wir uns mit etwas abgefunden haben, betrachten wir es als den optimalen Status quo. Da müssen wir raus. Wir brauchen die Revolution von unten. Die könnte ganz einfach beginnen. Wenn es zum Beispiel verboten ist, selbst gebackenen Kuchen in den Kindergarten mitzubringen, könnte man die Verantwortlichen schlicht fragen: Habt ihr sie noch alle? Wir sollten den Verursachern dieser oftmals unsinnigen Regeln vor Augen führen, was das Ergebnis ihres Tuns ist!

Vom Dirndlverbot und anderen Kuriositäten

Mörderisches Konfetti

An Fasching lassen die Altbayern es krachen. Das rief ein Landratsamt auf den Plan: Wer ist schuld, wenn beim Faschingszug in Penzberg ein Zuschauer zu Schaden kommt, weil ihn ein Bonbon am Allerwertesten trifft? Oder gar ein Konfetti ins Großhirn schlägt?

»Der Faschingsumzug fällt aus«, schrieb die *Süddeutsche Zeitung* am 20. Januar 2013. Ursache war die besondere Form der Fürsorglichkeit von Beamten des Landratsamtes Weilheim. Damit endete eine vierzigjährige Tradition. Um dieses Ende mit behördlicher Gründlichkeit zu besiegeln, ließen sich die Beamten allerlei einfallen. So dürfen Fahrzeuge mit grünen Nummernschildern nicht als Zugmaschinen eingesetzt werden. Traktoren bleiben damit in der Garage. Kinder könnten auf die Straße laufen, um eine Leckerei aufzuheben, und dabei unter die Räder kommen.

Bürgermeister Hans Mummert wird zitiert: »Ein Restrisiko bleibt immer. Etwas mehr Eigenverantwortung wäre angebracht.« Und Holger Fey vom Organisationskomitee erklärt, es habe Herzblut gekostet, den Gaudiwurm abzusagen – aber die Einwendungen der Landratsbeamten lassen keine andere Wahl. Diese Einwendungen – wenn sie sich so nennen lassen – entpuppen sich als Lesestoff köstlicher Art. Fey im Rückblick: »Allein das Bürodeutsch dieser Vorlage war ein Wahnsinn. Wir haben uns mit Polizei und anderen zusammengesetzt, um herauszufinden, was die überhaupt meinen.« So wurde vorgeschrieben, dass jedes Fahrzeug von einem Aufpasser begleitet sein muss, der auf die Sicherheit achtet. Dies galt offenkundig auch für Leiterwagen. »Früher war es so, dass den Faschingszug verschiedenste Gruppen im Kostüm begleitet haben, also auch Indianer auf Pferden«, erinnert sich Fey. Doch das Landratsamt hatte das Mitführen von Tieren aller Art untersagt. Außerdem war es verboten, Gegenstände von Wagen auf Menschen zu werfen. Die Anfrage der Gemeinde beim Landratsamt, ob damit auch Bonbons oder Konfetti gemeint seien, wurde mit »Ja« beantwortet. Damit war die Konfettikanone gestorben. Hinzu kam ein perfektes, ans karnevalistische grenzendes Absicherungssystem: »Wir mussten schriftlich festhalten, welche Personen im Zug mitgehen, und das unterschreiben lassen. Mehr noch. Die Listen mussten innerhalb der Zuggruppen fortgeführt werden, sodass einmal Verantwortliche in der Zugleitung benannt wurden, dann aber auch Verantwortliche in den Gruppen selbst.« Dieses Absicherungssystem, meint Fey, habe so viele Teilnehmer abgeschreckt, dass es nur noch eine Wahl gab: Man sagte den ganzen Faschingszug ab. Wie schade. Die Beamten des Weilheimer Landratsamtes hätten am Wegesrand ihre helle Freude gehabt – vielleicht wie der Leser der folgenden Zeilen, die dem Originalschreiben des Landratsamtes Weilheim-Schongau, genauer: dem Amt für Straßenverkehrswesen, vom 30. 12.2011 entnommen sind: »Dem Erlaubnisinhaber wird genehmigt, bei dem genannten Faschingszug Lautsprecher einzusetzen.« »Tiere sind vom Faschingszug ausgeschlossen.« »Von Fahrzeugen dürfen keine Gegenstände auf die Zuschauer geworfen werden, es sei denn, der Erlaubnisnehmer stellt sicher, dass dadurch weder eine Person verletzt noch eine Sache beschädigt wird.«

»Der Veranstalter hat rechtzeitig vor Beginn der Veranstaltung bei der Straßenverkehrsbehörde Auskunft darüber einzuholen, ob nach Erteilung dieser Erlaubnis im Verlauf der Strecke Verkehrssperren oder Baustellen eingerichtet wurden.« »Pro Fahrzeug ist auf jeder Seite mindestens ein erwachsener Mitgänger erforderlich, der insbesondere darauf achtet, dass niemand unter die Räder kommt.« »Ein Zusammenschließen von Musikanlagen verschiedener Wagen ist nicht zulässig.« Weiterhin regelt ein ganzes Kapitel von Vorschriften, wie schnell gefahren werden darf, welche Gutachten vorzuliegen haben, welche Ausnahmegenehmigung erforderlich ist, wenn das Sichtfeld des Fahrers durch Aufbauten beeinträchtigt ist, auf welche Weise Personen auf Zugmaschinen mitgenommen werden dürfen, welche Versicherungen erforderlich sind, und anderes mehr. Obwohl das Landratsamt Weilheim-Schongau also seitenweise karnevalistische Munition liefert, ist die Lektüre leider auf Dauer nicht erheiternd, sondern eher ermüdend.

Radfahrer – eine öffentliche Gefahr

Wohnen Sie zufällig in der Nähe der Grünanlagen in Dresden? Fahren Sie gern mit dem Fahrrad durch die Anlagen zur Arbeit oder zur Schule? Ginge es nach der Dresdner Polizei, müssten Sie als potenzieller Störenfried augenblicklich absteigen.

Viele offizielle Radrouten führen durch Dresdens Grünanlagen. Als Dresdens Polizei erwog, die Radfahrer von den Radwegen auszusperren, ging der Allgemeine Deutsche Fahrrad-Club (ADFC, angeschlossen der Grünen Liga Sachsen) auf die Barrikaden. »Das geplante Radfahrverbot in den Dresdner Grünanlagen ist eine völlig nutzlose Überregulierung, die niemandem weiterhilft«, heißt es in einer Pressemitteilung der Grünen Liga vom Mai 2010. Darin wird aus dem Entwurf der Grünanlagensatzung wörtlich zitiert: »In Grün- und Erholungsanlagen ist es untersagt, durch das Fahren von Rollschuhen ... Fahrrädern oder anderen Spiel- und Sportgeräten Personen zu gefährden oder unzumutbar zu belästigen.« Mit anderen Worten: Wer im Park radelt, gefährdet automatisch die Passanten. Mit dem Entwurf dieser Satzung würden alle Radfahrer bestraft, die sich nicht rücksichtslos verhalten, wetterte der ADFC, der noch eine andere Ursache ausgemacht hat: Die wassergebundenen Wege sind bei Regen hohem Verschleiß ausgesetzt, bei Nässe verwandeln sie sich in Schlammpisten, und die Sanierung ist teuer. Also lässt man die Mitverursacher vom Rad steigen. Der Dresdner Stadtrat hat den Verbotsentwurf nicht passieren lassen. Statt der geplanten Reglementierung heißt es nun in der »Polizeiverordnung zur Aufrechterhaltung der öffentlichen Ordnung in Dresden«, es sei verboten, Passanten und Anwohner mit den Fahrgeräten zu belästigen. Konrad Krause vom ADFC Dresden: »Das ist eigentlich vollkommen überflüssig, denn der Paragraf 1 der Straßenverkehrsordnung sagt zum Thema Belästigungen schon alles aus.«

Vor dem Kondom sind alle gleich

Die durchschnittliche Penisbeschaffenheit variiert von Land zu Land. Das hat ein Institut wissenschaftlich ermittelt. Die EU weiß Abhilfe. Man ersann ein europäisches Einheitskondom, das sich über regional ausgeprägte Standards locker hinwegsetzt.

Es lebe der kleine Unterschied! Europa profitiert schließlich von der Vielfalt. Was für Speisen, Architektur, Kleidung oder Sprache gilt, das gilt auch für den Körper. Widmen wir uns also der unterschiedlichen Beschaffenheit des Penis. Das Institut für Kondom-Beratung (Singen) hat die Penisbeschaffenheit mit wissenschaftlicher Akribie erforscht: Der französische Mann bringt es bezogen auf dieses Körperteil im erigierten Zustand im Durch- und Längsschnitt auf 15,48 Zentimeter Länge und den

Umfang von 13,63 Zentimeter. Das ist in Europa Spitze, sofern man quantitative Maßstäbe anlegt. Ausgerechnet die Griechen, die Eros, dem Gott der Liebe eine Heimat boten, haben den Kürzeren gezogen mit den Maßen 12,18 Zentimeter und 10,19 Zentimeter. Aber es besteht kein Grund zur Irritation: Die EU macht alle gleich. Es soll nur noch eine genormte Kondomgröße geben. Allerdings hat die EU Kondome als medizinische Produkte eingestuft. Das hat Folgen, festgeschrieben in der Norm EN 600 aus dem Jahr 1996. Seit 1993 dürfen europaweit nur noch Kondome in den Verkehr gelangen, die mit einem sogenannten CE-Zeichen aufwarten können. Dabei wird auf regional unterschiedliche Gegebenheiten keinerlei Rücksicht genommen. Länge, Wandstärke, Dichtigkeit, Berst-Volumen, Reißfestigkeit und Dehnbarkeit sind exakt vorgeschrieben. Etwas aufgelockert wurde die Vorschrift 2002, als auch internationale Normen Anerkennung fanden. Nun soll sich nur keiner über den EU-Einheitsbrei für alle Lebenslagen auslassen. Angesichts der Kondom-Standardisierung haben gerade die deutschen Männer Grund zur Freude: Sie agieren – laut dem Institut – mit 14,27 Zentimeter und 11,70 Zentimeter ziemlich genau im Mittelfeld.

Der Pinscher – ein Kampfhund?

Es ist nicht angenehm, von einem Hund gebissen zu werden. Ein solches Risiko hat die Landesregierung von Niedersachsen ein für alle Mal ausgeschlossen – per Gesetz.

Sandra Meyer (Name geändert) genießt seit zwei Jahren ihr Leben als Rentnerin im niedersächsischen Burgwedel nördlich von Hannover. Langweilig wird ihr selten, was sie hauptsächlich ihrem Hund verdankt. Ihr Vierbeiner hört auf den Namen »Zerberus« (Änderung des Namens aus rechtlichen Gründen nicht erforderlich) – ziemlich lustig für einen kleinen Rehpinscher. Der vornehmliche Lebenszweck von Zerberus lässt sich mit zwei Begriffen zusammenfassen: Fressen und das Streicheln genießen. Das Tier ist so handzahm, dass es sich von jedem Einbrecher zu Tode würde streicheln lassen. Sandra Meyer fiel schier die Kaffeetasse aus der Hand, als sie einem Artikel der Lokalzeitung entnehmen musste, dass sie Besitzerin eines Kampfhundes ist. So sehen es zumindest die Abgeordneten, die sich im niedersächsischen Landtag über alle Fraktionen hinweg einig waren (ausgenommen, wie immer, die Linke).

Dabei meinen es die Politiker nur gut: Dass Hunde Menschen beißen, soll in Niedersachsen bald der Vergangenheit angehören. So steht es schwarz auf weiß auf der Internetseite des Landwirtschaftsministeriums. Auch das passt ins Bild der Vollkaskogesellschaft: Man tut, als sei menschliches Leben risikolos planbar. Daher werden in Niedersachsen seit dem 1. Juli 2013 alle Hunde unter Generalverdacht gestellt. Ihr Halter hat dessen Ungefährlichkeit zu beweisen. Was bedeutet das nun für Hundefreundinnen wie Sandra Meyer? Eine ganze Menge: Zunächst muss Zerberus bei einem zentralen Register gemeldet werden. Damit kann man nämlich Hundehalter notfalls zügig ausfindig machen. Gebühr: Zwischen 14,50 und 23,50 Euro. Dann muss Frau Meyer, sofern sie ihren Zerberus nach dem Juli 2011 angeschafft hat, beweisen, dass sie das Tier überhaupt beherrscht – und nicht umgekehrt. Dies funktioniert über einen Sachkundenachweis, der theoretisch und praktisch erbracht werden muss. Kosten: etwa 200 Euro. Ausdrücklich erwähnt das Ministerium die Möglichkeit, sich in einer Hundeschule auf diese Prüfung vorzubereiten. Der Test ist durch einen amtlich anerkannten Prüfer zu absolvieren. Dann allerdings wird der Spaß teuer. Die Preise variieren. Für den Fall, dass der Rehpinscher von Frau Meyer einen Preisboxer krankenhausreif beißt, muss Frau Meyer eine Haftpflichtversicherung für Personenschäden mit mindestens 500 000 Euro abschließen. Kosten: 50 bis 150 Euro im Jahr. Nun könnte es sein, dass unser Zerberus während der eingehenden Sachkundeprüfung einen psychosomatischen Schock erleidet, sich von der Leine reißt und ausbüxt. Er landet schließlich auf dem Vorplatz des Landwirtschaftsministeriums in Hannover, wo er – noch immer ganz aus dem Häuschen – einen Beamten um ein Haar in die Waden beißt. Was ja eigentlich ausgeschlossen ist, weil es in Niedersachsen ein neues Hundegesetz gibt, das Bisse unmöglich macht – aber einmal angenommen, es war so. In Niedersachsen wäre die Auflösung eines solchen Vorfalls kein Problem: Zerberus trägt nämlich – wie alle Hunde – einen Chip am Leib und kann damit überall identifiziert werden. Der Chip muss zuvor von einem Tierarzt implantiert werden (kostet 50 Euro). Schließlich rühmt man sich in Niedersachsen, das strengste Hundegesetz in Deutschland auf die Beine gestellt zu haben. Das Gesetz gilt natürlich auch für Frau Meyer. Falls sich die Rentnerin nun sagt: »Ich habe keinen Kampfhund, sondern einen Rehpinscher, der in meine Handtasche passt, also umgehe ich einfach die Meldepflicht!«, dann begeht sie eine Ordnungswidrigkeit. Diese kann mit einer Geldbuße bis zu 10 000 Euro geahndet werden. In Niedersachsen gibt es nach amtlichen Schätzungen rund 400 000 Hunde und etwa 7,8 Millionen Einwohner. Seit dem ersten Juli 2013 wird nicht einer mehr von einem Hund gebissen. Falls doch, wird das Gesetz noch einmal verschärft – wetten?

Ja mei, ein Maibaum!

Die Maibaum-Tradition ist auch bei der Jugend quicklebendig: Er wird geschlagen, in ein Versteck gebracht, geschmückt und aufgestellt. Eine Gaudi, sagt man in Bayern. Beamte lassen aber aus dem Brauchtum eine Gaudi ganz anderer Art werden.

In Weilheim wurde der besagte Maibaum an einem Ort geschlagen, dann sollte er an einem anderen Ort weiß-blau angestrichen und schließlich in ein Versteck gebracht werden. Doch damit begannen Schwierigkeiten über Schwierigkeiten. Zunächst wurde untersagt, dass Pferde den Baum von A nach B ziehen. Auch ein Anhänger mit Zulassung, wie er in der Landwirtschaft zum Einsatz kommt, wurde untersagt. Der Grund für dieses Verbot ist an Unterhaltungswert kaum zu überbieten: Während des Transportes ist der Maibaum nämlich noch kein Maibaum, sondern ein ganz normaler Holzstamm. Aus Bürokratensicht haben wir es ab jetzt nicht mehr mit einem Brauchtumstransport zu tun, sondern mit einem eher kommerziellen Vorgang. Denn erst wenn der fertige Maibaum zum Aufstellen gefahren wird, sprechen wir von Brauchtum. Also ist die Überstellung des Baums von einem zum anderen Ort – rein rechtlich – ein Schwertransport.

Und genau hier wird es grotesk: Die Zimmerer erklärten, ein Langholzfuhrwerk für einen einzelnen Stamm von 37 Metern Länge sei technisch nicht machbar. Nun hätte man die ganze Maibaum-Gaudi auch sein lassen können, wie man auch in Penzberg den Faschingszug ausfallen lassen musste, weil das Landratsamt Weilheim das Werfen von Bonbons untersagt hatte. Anders in Weilheim. Es war ausgerechnet eine Behörde, die den Maibaum rettete – und zwar die Regierung von Oberbayern, die eine salomonische (und damit für die

Überregulierer vermutlich abschreckende) Lösung fand: Die Weilheimer Feuerwehr könne die Blaulichtbegleitung übernehmen, während ein Traktor den Baum transportiere. Und so kam es: An einem frühen Samstagmorgen wurde der Stamm aus dem Stadtwald geholt und »in strammem Schritttempo«, wie die Lokalzeitung schrieb, nach Weilheim gefahren. Eigentlich schade für die Überregulierer. Denn die erkennt man auch daran, dass sie ihren Erfolg messen – etwa daran, ob es ihnen gelungen ist, zu verhindern, was gestern noch selbstverständlich war.

Wie man sich bettet ...

Es gibt Kommunen, die ihre Einnahmen mit der Brechstange aufbessern. Etwa über die Bettensteuer. Um sie einzutreiben, müssen Hoteliers ihren Gästen höchst private Fragen stellen.

Sie sind dienstlich unterwegs und wollen in einem Hotel, sagen wir in Köln, übernachten. Der Hotelier selbst steht hinter der Rezeption. Es fühlt sich sichtlich nicht wohl in seiner Haut. »Darf ich Ihnen eine Frage stellen?« Der Mann spricht etwas unsicher – und er hat nicht nur eine Frage: »Sind Sie privat oder geschäftlich hier?« »Und warum sind Sie geschäftlich hier?« »Und wann ist die Konferenz zu Ende?« »Sie könnten doch nach der Konferenz direkt nach Hause fahren, warum bleiben Sie über Nacht?« »Möchten Sie nach der Konferenz noch eine Besichtigung unternehmen?« »Würde Sie mir dieses Formular ausfüllen?« Und nun hält er dem Gast ebendieses Formular unter die Nase, das auf Antworten wartet. Der Hotelier ist nicht etwa von krankhafter Neugier beseelt, er muss diese Fragen stellen. Denn in Köln gibt es eine Bettensteuer, die man offiziell »Kulturförderabgabe« nennt. Mit Kultur hat sie allerdings so gut wie nichts zu tun. Diese Steuer soll den leeren Stadtsäckel füllen – mit zwei Millionen Euro im Jahr zusätzlich. Das funktioniert allerdings nur mit den Methoden der Überreglementierung. Ursprünglich zählte Köln zu jenen Städten, die von den Hotels für jede Übernachtung eine Bettensteuer verlangten. Dem machte im Juli 2012 das Bundesverwaltungsgericht Leipzig ein Ende: Die »Kulturförderabgabe« ist nämlich eine Aufwandsteuer, also eine Besteuerung von Dingen, die nicht unbedingt notwendig zum Leben sind. Zu fragen ist also: Basiert die »Bettenbesteuerung« auf der Annahme, dass der Reisende privat unterwegs ist – oder darauf, dass er zu Zwecken des Gelderwerbs übernachtet? Das ist der entscheidende Unterschied: Wer dienstlich unterwegs ist und keine andere Wahl hat, im Hotel zu übernachten, muss dafür keine Sondersteuer zahlen.

Mit diesem Gerichtsurteil änderte sich alles. Von nun an musste unterschieden werden, ob der Gast sich privat aushäusig vergnügt oder im Dienst der Firma sein Haupt woanders bettet. Eine ganze Reihe von Kommunen verabschiedete sich nach diesem Urteil von der »Bettensteuer« – denn die Befragung der Gäste (die übrigens zu keiner Antwort gezwungen sind) war an Peinlichkeit kaum zu überbieten. Beispiel: Findet der Hotelier heraus, dass der Gast nach der Konferenz etwa den Kölner Dom besichtigt, so fällt auch der Geschäftsreisende unter die Bettensteuerpflicht, denn die Besichtigung ist ja seine Privatangelegenheit. »Bei dieser Variante der Bettensteuer ist der Ehrliche der Dumme«, urteilt Christoph Becker, Geschäftsführer des Deutschen Hotel- und Gaststättenverbandes (DEHOGA) in Köln. Praktisch sei eine solche Steuererhebung nicht umsetzbar. Nun hat der DEHOGA seine Mitglieder befragt, wie viele Gäste denn aus geschäftlichen Gründen über

Nacht blieben. Die Antwort einiger Hotels fiel überraschend aus: »Einhundert Prozent«. Die Hoteliers waren bereit, die fünfprozentige »Bettensteuer« komplett zu bezahlen, weil sie ihren Mitarbeitern und Kunden die hochnotpeinlichen Befragungen ersparen wollen. »Tatsächlich hat der Hotelier aus datenschutzrechtlichen Gründen gar keine Möglichkeit, vom Kunden eine reale Auskunft zu verlangen«, erklärt Becker. Und es gibt einen weiteren Pferdefuß: Da die Stadt Köln die »Bettensteuersatzung« nicht als vorläufig, sondern gleich als endgültig eingestuft hat, darf nicht der DEHOGA als Ganzes klagen, sondern muss dies jedem Hotelier einzeln überlassen. Pro Quartal rechnet Becker mit 300 Klagen allein in Köln – wodurch fast eine Million Euro an Gerichtskosten anfallen.

Das Kapitel ist noch nicht zu Ende, das Rad der Überregulierung dreht sich weiter: Alle Mitarbeiter von Unternehmen, die dienstlich oder geschäftlich nach Köln geschickt werden, müssen eine Bescheinigung ihrer Firma mitbringen und im Hotel abgeben. Das Schreiben muss mit Brief und Siegel bestätigen, dass die Person im Auftrag der Firma unterwegs ist. Wie das in der Praxis aussieht, erklärt Becker so: »Da kommt ein Vertreter aus der hintersten Mongolei zur Köln-Messe. Der Hotelier schreibt zuvor das Unternehmen in der Mongolei an, die müssen das Schreiben übersetzen und die Bescheinigung zurück ins Deutsche übertragen. Das gilt für alle Sprachen dieser Welt!« Ein großes Chemieunternehmen in Leverkusen hat das Ansinnen des Hotel- und Gaststättenverbandes brüsk zurückgewiesen: Der Verwaltungsaufwand sei den Unternehmen nicht zuzumuten. Die Beweislast liege schließlich bei den Beamten der Stadt Köln. Es gibt ein drittes Formular in dieser Sache: die Eigendokumentation der Hoteliers. Sobald diese eindeutig erkennen, dass ein Gast rein geschäftlich in der Stadt zu tun hat, sollte er dies in jedem Einzelfall dokumentieren, unterschreiben und seinen Unterlagen beilegen. Städte wie

Aachen oder Duisburg haben sich – wegen der besonderen Weltfremdheit – von dem Vorhaben verabschiedet. Christoph Becker: »Wir haben den Klageweg beschritten und sind ganz optimistisch.« Mittlerweile gibt es eine interessante wie ergänzende Rechtsauffassung, festgestellt vom Oberverwaltungsgericht Münster. Danach ist eine Bettensteuer grundsätzlich zulässig – ähnlich der Kurtaxe. Allerdings darf nicht der Hotelier zur Kasse gebeten werden, sondern es zahlt der Gast. Und die Gebühr fließt direkt in die Kasse der Gemeinde. Ob der Gast nun zahlungspflichtig ist oder nicht, hängt allein von dessen Auskunft ab – aber der Hotelier darf ihn nach privaten Dingen gar nicht fragen. Genau hier beißt sich die Katze in den Schwanz.

Kopfsprung vom Schreibtisch

Im Landkreis Darmstadt-Dieburg gibt es elf Freibäder, doch nur eines verfügt über einen Zehn-Meter-Sprungturm. Eines Tages durfte das Zehn-Meter-Brett nicht mehr genutzt werden, denn der Turm steht falsch. Er zeigt nach Osten. Das ist gegen die neue Vorschrift – oder deren Interpretation.

Im Juni 1953 gab es Grund zum Feiern. Ein Freibad wurde eröffnet, eines der Ersten in Südhessen nach dem Krieg. Das Sprungbecken zierte ein stolzer Zehn-Meter-Turm. Kein Mensch dachte sich etwas dabei, dass der Turm Richtung Osten ausgerichtet war. Heute ist Europa um eine Einsicht reicher: Eine neue Richtlinie soll garantieren, dass Badegäste nicht »gegen die Sonne« springen. Es dürfe nur noch nach Norden gesprungen

werden, zitiert die *Frankfurter Rundschau* den Dieburger Bürgermeister Werner Thomas. Hier geht es um Haftungsfragen:
Bis die versicherungsrechtliche Seite geprüft ist, bleibt der Turm
gesperrt, allerdings nur die beiden höchsten Bretter. Sprünge
vom Fünfmeterbrett bleiben auch bei Gegenlicht europaweit
unbedenklich, allerdings müssen sie unter Aufsicht eines aus-
gebildeten Bademeisters stattfinden. Damit auch alles seine
Ordnung hat, werden die Käufer von Dauerkarten ausführlich
über die aktuelle Situation informiert. Sogar der Winkel, in dem
der Grund zwischen Springer- und Schwimmerbecken abfällt,
wird von einem Expertenteam untersucht. Die Deutsche Gesellschaft für das Badewesen teilte mit, dass mit dem Schwimmbad
»fast alles« in Ordnung sei, der Sprungturm darf jeweils ab
12 Uhr mittags benutzt werden, weil sich von diesem Zeitpunkt
an die Sonne europanormgerecht verhält. Allerdings wurde am
Dreimeterbrett ein Hinweisschild angebracht: Kopfsprünge
verboten.

Tief ausgeschnittenes Dirndl?
EU gewährt Blendschutz

Zu bayerischen Biergärten gehören gestandene Bedienungen, die
in der Lage sind, etliche Maß Bier so zu stemmen, dass das Dirndl-
Dekolleté sichtbar bleibt. Verbieten, ordnet die EU an.

Resi ist seit zwölf Jahren Bedienung in einem Münchner Bier-
garten. Ihre Gäste bewirtet sie auf energisch-freundliche Art.
Neuerdings wird Resi dennoch belächelt. Denn über dem
Dekolleté trägt sie ein weißes, bis zum Hals geschlossenes

T-Shirt. Das passt zwar wie die Faust aufs Auge, schützt sie aber vor Sonnenbrand und Hautkrebs. So wäre es gekommen, wenn die »EU-Richtlinie zum Schutz vor optischer Strahlung« durchgesetzt worden wäre. Arbeitgeber hätten ihre Mitarbeiter in Gärtnereien, in der Gastronomie oder auf dem Bau zusätzlich und ausführlich vor Schäden durch Sonnenlicht warnen müssen. »Dekolleté-Verbot« titelte daraufhin die *Münchner Abendzeitung*. Hochgeschlossen eingekleidete Bedienungen in Bayerns Biergärten? Eine Schreckensvision.

Bayerns Wirte bliesen zum Aufstand, auch die Flüche aus Österreich hallten bis in die Münchner Landeshauptstadt. Oberbürgermeister Christian Ude erkannte in der geplanten Verordnung einen Beleg dafür, dass in Europa ein ziemlich übler »Gesetzgebungsperfektionismus« eingekehrt sei. Denn die EU-Bürokraten hatten ihr Pulver noch nicht verschossen: Neben dem Ausschnittverbot sollte in einem aufwendigen Verfahren eine Risikobewertung für den Einzelfall erstellt werden, außerdem war vorgesehen, den Mitarbeitern Aktionsprogramme gegen Sonnenbestrahlung anzubieten. Nach einem ersten Proteststurm beeilten sich EU-Sprecher aber zu versichern, die Richtlinie lasse in der Ausführung einen weiten Spielraum zu. Schließlich war es dem Ministerrat in der EU zu verdanken, dass aus der unfreiwilligen Lachnummer nichts wurde: Biergarten-Bedienungen dürfen selbst entscheiden, wie tief ihr Ausschnitt sitzt, denn besagte EU-Richtlinie wurde im Mai 2010 mit deutlicher Mehrheit abgelehnt. Weiterreichende Vorschriften wie Risikobewertung oder Aktionsprogramme hatten die zuständigen Ausschüsse bereits zuvor dorthin gestopft, wo sie bestens aufgehoben sind: in den Müll.

Schwein gehabt, EU!

Kann man Schweinen in ihrer »Freizeit« vorschreiben, welchen tierischen Freuden sie nachzukommen haben? Müssen Schweine nach EU-Vorschrift wirklich Fußball spielen, wie es englische Zeitungen formuliert haben?

Schweine sind gesellige Wesen. Doch zu viele Artgenossen auf engem Raum – wir wissen es aus Fußballstadien, aus vollen Straßenbahnen oder politischen Parlamenten – können leicht Aggressionen hervorrufen. Ein Fall für die EU. Sie erließ einen Gesetzestext, dessen Umsetzung dafür sorgen würde, dass sich die Tiere sauwohl fühlen – zumindest ging die zuständige Kommission davon aus. Bis dahin war das eher langweilige Kauen auf Eisenketten der einzige Zeitvertreib für Sauen und Eber.

Zwei Richtlinien aus dem Jahr 1991 regeln seither die »Mindestanforderung für den Schutz von Schweinen«. Weitere Tierschutzbestimmungen folgten. Tenor der Verordnung: Schweine, vor allem Jungsauen, brauchen Spielzeug, und zwar rund um die Uhr. So berichtet die Internetzeitung *raiffeisen.com* im Januar 2003 von den Erfahrungen eines englischen Landwirts aus Wiltshire, der die Glücksgefühle der Tiere mit mehreren Plastikflugzeugen und einem grauen Teddybär steigern wollte. Das habe den Tieren zwar viel Spaß bereitet, doch hätten die Teile keine zwei Minuten lang das schweinische Spiel überlebt, hieß es. Immerhin müssen die Sauen laut EU-Kommission so gehalten werden, dass sie über ausreichende Sozialkontakte verfügen. Da Landwirte und deren Familien meist mit sinnvolleren Beschäftigungen bestens ausgelastet sind, müssen sich die Schweine schon mit sich selbst begnügen. Gesellig soll es also sein, und lustig obendrein. Seither gab es zwischen Bauern und Tierschützern eine heftige Diskussion um die Frage, welches

Spielzeug für Schweine das Geeignete sei. Und das war erst der Anfang – was musste nicht alles bedacht werden: Wie kann man einem Eber klarmachen, dass beim Elfmeter nicht gefoult werden darf – oder, dass beim Stabhochsprung die Stange irgendwann losgelassen werden muss? Die Gedankenspiele hatten durchaus Unterhaltungswert, und die zuständige EU-Kommission fühlte sich zur Klarstellung berufen: Von herkömmlichem Spielzeug wie Fußbällen oder Rasseln sei keine Rede, ließ sie verlauten. Vielmehr habe man notwendiges Beschäftigungsmaterial im Sinn, das Langeweile und Aggressivität unter den Tieren verringern solle.

Tatsächlich ist die entsprechende Richtlinie eher unverbindlich und nennt nur Material wie Sägespäne, Holz, Stroh oder Pilzkompost – schlicht alles, was dem Wühlbedürfnis und der Neugier der Tiere entgegenkommt. Und schon entwickelte die Landwirtschaftsindustrie eine Maschine, den sogenannten Wühltrog. Der Automat belohnt die Sauen – bei korrekter Bedienung – mit allerlei Leckereien. Zudem untersuchten Spezialisten in den Niederlanden die Wirksamkeit verschiedener Beschäftigungsmaterialien in den Ställen. Das Ergebnis: Eine Patentlösung gebe es nicht. So ist es allein der Fantasie des Landwirts überlassen, mit welchem Spielzeug er seine Schweine erfreut. Ein Blick in einen beliebigen Stall mag überzeugen, dass Schweine mit Begeisterung im Heu wühlen, Kunststoffwürfel mit dem Rüssel untersuchen oder Wühlmatten auseinandernehmen. Kein Zweifel, diese Art der Tierhaltung ist weit artgerechter, als wenn man die Sauen brutal zusammenpfercht und sie der Langeweile aussetzt. Hier gilt: Die EU hat richtig sinnvolle Arbeit geleistet. Dass sie dennoch in ganz Europa missverstanden worden ist, mag auch damit zusammenhängen, dass man von den diversen Kommissionen Schlimmes gewohnt war. Schwein gehabt, EU!

Dicker Qualm und heiße Luft

Raucher muss man vor sich selber schützen – auch dann, wenn sie schon vor dem Nichtraucherschutzgesetz unter sich geblieben sind. In NRWs öffentlichen Räumen ist sogar die E-Zigarette verboten.

Das »Schlösselche« im Kölner Stadtteil Sülz ist das beste Musterexemplar einer regionalen Institution: der Kölschkneipe. Hinter dem Eingang beginnt ein schlauchartiger Gang, der vor einer Dart-Scheibe endet. Auf der rechten Seite befindet sich der kachelbesetzte Tresen, auf dem zahllose der charakteristischschlanken Kölsch-Gläser Spalier stehen. Paul McCartney tönt aus den Boxen und wird immer wieder von den temperamentvollen Stammgästen übertönt. Allerdings ging der Umsatz kräftig zurück, seit Nordrhein-Westfalen im deutschlandweiten Vergleich mit die schärfsten Anti-Raucher-Gesetze erlassen hat. Dabei ist das »Schlösselche« immer eine klassische Raucherkneipe gewesen: Hier trat ohnehin niemand durch die Tür, der sich von Zigarettenrauch belästigt fühlt. Doch die politisch Verantwortlichen schützen auch jene vor sich selbst, die keine anderen belästigen.

Das Schicksal der Kölner Kneipe spiegelt eine landesweite Entwicklung. Im Herbst 2013 beteiligen sich 1060 Gastronomen in Nordrhein-Westfalen an einer Umfrage der DEHOGA (Hotel- und Gaststättenverband NRW). Danach führte das absolute Rauchverbot in den ersten Monaten zu »teils dramatischen Umsatzeinbußen« – nicht nur in Schankbetrieben und Bars. 86 Prozent der Wirtsleute beklagten Umsatzeinbußen, davon 59 Prozent über 30 Prozent. Warum nicht, könnte man fragen, Saurier sind schließlich auch mal ausgestorben. Nur, hat es irgendjemandem genutzt? Im Fall der Saurier profitierten die Säugetiere, im Fall der Kneipen in NRW profitierten eher militante Nichtraucher, welche beim Passieren der Kneipe Gefühle der Genugtuung genießen dürften. »Die wenigen Gäste standen mehr vor der Tür als am Tresen«, heißt es in einer Mitteilung der DEHOGA, zudem wird deren Hauptgeschäftsführer Klaus Hübenthal zitiert: »Der von den Befürwortern der Radikallösung vorausgesagte Ansturm der Nichtraucher ist – wie erwartet – ausgeblieben.« Fast ein Viertel der befragten Wirte gab an, dass sie innerhalb eines Jahres schließen müssten, wenn die oben beschriebene Entwicklung weiter anhalte.

So leidet auch das »Schlösselche« in der Kölner Sülzburg-straße. »Im Sommer hatten wir einen Umsatzrückgang zwischen 30 und 40 Prozent«, meint Helmut Waldinger, Lebensgefährte der Inhaberin Regina Gentkes. Der Mann ist übrigens Nichtrau-cher und legt Wert auf die Feststellung, dass er sich in früheren Zeiten vom Qualm nie belästigt fühlte: Über seinem Stammplatz hinter der Theke befand sich ein Abzugsschacht. »Früher war die Regelung für beide Seiten akzeptabel«, meint er. »Der Raucher hatte seine Kneipe, der Nichtraucher ging in eine andere, qualm-frei. Heute bleiben viele unserer Stammgäste lieber zu Haus.« Gegen das in seinen Augen aberwitzige Gesetz ging er auf eine Demo – die erste, die er in seinem Leben nicht im Fernsehen gesehen hat. Genutzt hat es freilich nichts, denn der Nichtrau-cherschutz in NRW ist radikal konsequent. Selbst die E-Zigarette, aus der kein Qualm aufsteigen kann, ist verboten. Übrigens hat auch die EU schon mit Absurditäten zum Nichtraucherschutz viel Aufsehen erregt. So wurde den Mitgliedsstaaten empfoh-len, eine Raucherpolizei einzuführen, um in der Öffentlichkeit das Gesetz überwachen zu lassen. Außerdem sollten bei einer eigens eingerichteten Hotline Raucher angeschwärzt werden. Letzten Endes nahm die Verordnung aber niemand ernst.

Brüder, zur Sonne(nbank), zur Freiheit!

Sind Sie über 18, dürfen wählen und sind strafmündig? Nutzt alles nichts. Sie müssen vor sich selbst geschützt werden, oder besser: vor ihrer Eitelkeit.

Zugegeben, über die Sinnhaftigkeit von künstlicher Sonne lässt sich streiten. Tatsächlich ist eine Häufung von Hautkrebs bei jungen Mädchen nachweisbar, zudem sei die Frage erlaubt, ob eine künstlich herbeigezauberte Erfolgsbräune unserem Ego tatsächlich guttut. Und dennoch: Wir sind freie, selbstverantwortliche Menschen. Es sei jedem selbst überlassen, sich auf die Sonnenbank zu legen und dafür zu bezahlen.

Egal, wo Ihr Zuhause steht: Vermutlich haben Sie irgendwann festgestellt, dass in Ihrem kommunalen Schwimmbad die Sonnenbänke spurlos verschwunden sind. Grund dafür ist die neue UV-Schutzverordnung: Die Voraussetzungen für den Betrieb eines Solariums wurden derart hochgeschraubt, dass zahllose Anbieter ihre »Bad Bank« verschrottet haben. Wegen der »Verordnung zum Schutz vor schädlicher Wirkung ultravioletter Strahlen« hätten Kleinbetriebe kostenintensiv umrüsten müssen. Der Branchenverband (Bundesfachverband für Besonnung, der freilich eigene Interessen verfolgt) spricht von »Verlust von Arbeitsplätzen in erheblichem Umfang«. Man mag das beklagen oder nicht, dennoch lohnt ein genaueres Hinsehen auf das, was der Gesetzgeber uns als eigenverantwortlichen Menschen zutraut und was nicht. So muss der Benutzer nachdrücklich darauf hingewiesen werden, dass nicht öfter als zweimal wöchentlich, höchstens 30 »Sitzungen« jährlich erfolgen sollen. Für die Benutzer müssen eine Duschgelegenheit und ein WC vorhanden sein. Die Schutzbrillen sind nach jedem Gebrauch zu desinfizieren. Der Betreiber hat ein

Prüfbuch zu führen, was »zur Einsichtnahme durch Organe der Behörden« aufzubewahren ist. Solarien sollen nicht benützt werden, wenn am gleichen Tag Parfums oder Körperlotionen angewendet werden. Die Hautempfindlichkeit ist zu testen. Die UV-Bestrahlungsgeräte dürfen nicht zur Selbstbedienung durch die Benutzer eingerichtet werden. Während der gesamten Betriebszeit soll Fachpersonal (wer ist damit gemeint?) anwesend sein, und zwar zur »Einweisung und Beaufsichtigung«.

»Während bei den Rauchverboten in öffentlichen Räumen allerdings noch der Schutz von Nichtrauchern – also Dritten – im Vordergrund steht, soll nun mit der UVSV (Sonnenschutzverordnung) der Sonnen(bank)süchtige vor sich selbst geschützt werden«, wetterte der Geschäftsführer des Hotelverbandes Deutschland, Stefan Dinnendahl, in seinem Blog: »Was noch fehlt, ist eine Art Sonnen(bank)schutzpolizei, die dann in deutschen Sonnenstudios patrouilliert. Mein Leitbild vom mündigen Bürger sieht anders aus.«

Alles, was Kunst ist

Können Beamte bestimmen, was Kunst ist und was nicht? Eindeutig ja, sagen sie selbst. Wäre ein Machtwort seitens der Politik ausgeblieben, dann hätten die Beamten ein Zeichen gesetzt – und Kunst aus zeitgenössischen Museen wäre auf Nimmerwiedersehen verschwunden.

Über 40 000 Gedenk-Stolpersteine hat der in Köln lebende Künstler Gunter Demnig bereits in europäischen Orten verlegt, davon allein 5000 in Berlin. Als er Anfang der 1990er-

Jahre mit seiner Arbeit begann, erweiterte er den Begriff des Denkmals um eine neue Variante: Die Stolpersteine wurden überall dort installiert, wo vor der Machtübernahme durch die Nazis Juden gelebt hatten: Häuser, aus denen sie dann von den NS-Machthabern und ihren Helfershelfern verschleppt und anschließend ermordet wurden. In die Messingplatten von der Größe eines Pflastersteins sind die Namen und Lebensdaten der Toten eingraviert. Wer die Daten lesen will, muss sich leicht hinunterbeugen – und führt, gewollt oder ungewollt – eine Verbeugung vor den Toten aus, die auf diese Weise auch aus der Namenlosigkeit geholt werden. »Wir sind sehr dankbar für die Stolpersteine«, zitiert der *Kölner Stadtanzeiger* den Vorstand der Jüdischen Gemeinde der Domstadt, Mark Frenkel. Dass die Stolpersteine ein eindringliches wie beklemmendes Bekenntnis zu einem würdevollen Umgang mit der Erinnerung sind – darüber sind sich die Menschen in Wien, Rom, Amsterdam, Prag und vielen anderen Metropolen und kleineren Ortschaften einig.

Nur das Finanzamt sah die Sache anders. Offenkundig reichte der Verständnishorizont der Verantwortlichen nur so weit, die Stolpersteine als bloße Hinweisschilder anzusehen. Es handele sich um Massenproduktion und das Verlegen der Steine sei kein künstlerischer Akt. Deshalb könne auch nicht der ermäßigte Steuersatz für urheberrechtlich geschützte Kunstwerke erhoben werden. Demnig wurde aufgefordert, 19 Prozent Umsatzsteuer abführen, was für ihn eine Nachzahlung von 150 000 Euro an das Finanzamt bedeutet hätte. Dass sich die Steuereintreiber damit zum Richter über Gedenken, Denkmalwürde und Kunst erhoben, stieß in der breiten Öffentlichkeit auf unmissverständliche Kritik. Hochnotpeinlich dürfte die Geschichte auch dem nordrheinwestfälischen Finanzminister Norbert Walter-Borjans gewesen sein, der sich als Anhänger von Demnigs Idee zu erkennen gab und sich in den Vorgang einschaltete. Das Ergebnis: Demnig wurde die Nachzahlung erlassen, es blieb bei der Besteuerung von sieben Prozent.

Die Geschichte der Stolpersteine

Die Stolpersteine des Kölner Künstlers Gunter Demnig, von einer Finanzbehörde als „Hinweistafeln" diskreditiert, sind seit nahezu einem viertel Jahrhundert ein Begriff für die künstlerische und politische Auseinandersetzung mit der Vernichtung der jüdischen Bevölkerung während der NS-Herrschaft.

Gunter Demnig ist ein Künstler, dessen Arbeiten stets eine besondere Form der Bodenhaftung beinhalten. So zeichnete er schon vor Jahrzehnten mit weißer Farbe Kreise um diverse Städte. Sie bezeichneten den Radius, den eine Kernwaffenexplosion an Vernichtung hinterlässt. 1990 setze er sich künstlerisch mit dem 50. Jahrestag der Deportation von eintausend Sinti und Roma auseinander. Demnig folgte den Deportationswegen und bezeichnete sie mit weißer Farbe auf dem Asphalt. Die Farbe, die er aus einer rollenden Druckmaschine aufbrachte, war nicht sofort abwaschbar – was zu unbequemen Nachfragen der verärgerten Kommunalbehörden führte. Damals sprach ihn eine Rentnerin an: Hier habe es weder Sinti noch Roma gegeben, meinte die Dame. Demnig bewies ihr das Gegenteil: Hier haben sie gewohnt, und hier – an der Stelle, wo sie abgeholt wurden, fing das Grauen an. Es endete in den Konzentrationslagern.

In jenen Tagen entstand die Idee der sogenannten Stolpersteine. Die Steine versieht Demning mit den Namen der Opfer und verlegt sie vor deren einstigen Wohnungen im Straßen- oder Gehwegpflaster. Das Projekt hat sich inzwischen mit 40.000 Steinen (Stand: Juli 2013) in etwa 750 Orten in zehn Ländern Europas zum weltweit größten dezentralen Mahnmal entwickelt.

Wenn Paragrafen Trauer tragen

Reglementierung über den Tod hinaus

Trauern bitte ohne Kerzen!

Sie wollen sich von einer Verwandten verabschieden, die in einem Heim verstorben ist. Sie möchten neben der Toten eine Kerze entzünden. Dürfen Sie aber nicht. Im folgenden Fall legt sich eine Hinterbliebene mit den Pflegern an.

Giesela K. liebte ihre Großmutter über alles. Die ersten drei Jahre ihres Lebens hatte sie weitgehend bei der katholischen Oma verbracht, und in späteren Jahren – Giesela lebt und arbeitet als Journalistin in Hamburg – brachte sie der alten Dame immer wieder Souvenirs aus Betlehem mit: geweihte Kerzen. Im Schein dieser Kerzen verbrachten Großmutter und Enkelin zahllose Stunden im innigen Gespräch.

Im Dezember 2011 wusste Giesela K., dass ihre Großmutter bald sterben würde, nach allen Regeln der Wahrscheinlichkeit hätte sie sogar schon seit Tagen tot sein müssen. Doch die alte Dame wartete mit dem Sterben, bis ihre Enkelin in dem Ort bei Oldenburg, wo sich ihr privat geführtes Altenpflegeheim befand, eingetroffen war. Giesela K. erinnert sich, als sei alles gestern geschehen: »Ich hatte das Fenster geöffnet, und wir hörten Musik – Weisen aus den Niederlanden. Ich holte eine Kerze aus Betlehem aus dem Gepäck und zündete diese und eine weitere Kerze an, was die Sterbende bewusst erlebt hat.« Plötzlich öffnete sich die Tür. Ein Pfleger blickte zunächst ungläubig auf die Szene und befahl dann: »Sofort die Kerzen aus!« »Warum?«, fragte Giesela zurück. »Natürlich wegen der Brandgefahr. Das Kerzenverbot ist bei uns Gesetz.« Immerhin war der Pfleger so nett, Plastikkerzen mit Elektrolicht zu offerieren. Giesela K. gab nicht nach. Sie versucht, das nun folgende Gespräch zu rekonstruieren: »Passen Sie auf, erstens verlasse ich den Raum nicht, während die Kerzen brennen, zweitens bin ich ein erwachsener Mensch, drittens stehen die Kerzen fest, und es weht kein Wind.« Giesela K. berichtet im Nachhinein, die Szene habe sie viel Kraft gekostet – schließlich befand sie sich in einer Situation, in der sie sich eben von der geliebten Verwandten für immer verabschieden wollte: »Ich dachte, hoffentlich bekommt sie jetzt den Streit nicht mit, zumal ich von dem Pfleger behandelt wurde wie eine Idiotin.« Einige Zeit später kam es zu einem klärenden Gespräch. Der Pfleger hatte den rituellen Akt durchaus erkannt, seine Rolle bedauert und sich damit entschuldigt, dass er zum Einschreiten verpflichtet gewesen sei. Giesela K. sieht den Vorfall heute mit mehr Distanz und Gelassenheit: »Was wäre gewesen, wenn die Heimleiterin den Pfleger bestraft hätte, weil er wissentlich die brennenden Kerzen übersah?«

Übrigens wurde die Urne nach dem Wunsch der Großmutter in den Niederlanden bestattet. Dort machte Giesela K. eine interessante Beobachtung: »Sie bekommen aus dem Krematorium die Asche des Angehörigen, und kein Mensch fragt, was Sie damit anstellen. Man überlässt es Ihrer eigenen Verantwortung. Daher fahren so viele Deutsche nach Holland, um ihre Verwandten einäschern zu lassen.« Nun könnte der Laie annehmen, die Überregulierung nehme an der Wiege ihren Anfang und ende an der Bahre – etwa an jener von Giesela K.s Großmutter. Tatsächlich sind wir an dieser Stelle erst mitten im Thema angelangt. Die vorauseilende und den Trauernden entmündigende Bürokratie nach dem »Ereignisfall Tod« ist ein Buch mit sieben Siegeln.

Grabsteine, fair gehandelt

Ein nicht unerheblicher Anteil der Grabsteine stammt aus Indien. Stuttgart zählt zu jenen Kommunen, auf deren Friedhöfen nur noch fair gehandelte Grabsteine gesetzt werden.»Nachweislich« nicht von Kinderhand, haben die Grünen gefordert. Genau hier liegt das Problem.

In der Friedhofsordnung der Stadt Nagold findet sich folgender Satz:»Für Grabmale und Grabsteinfassungen dürfen nur Steine verwendet werden, die nachweislich aus fairem Handel stammen und ohne ausbeuterische Kinderarbeit im Sinne der Konvention 182 der Internationalen Arbeitsorganisation ILO hergestellt worden sind.« Der *Schwarzwälder Bote* zitiert nun städtische Beamte, die offenkundig mit der Formulierung wenig zufrieden sind. Denn wer soll die Einhaltung dieser Bestimmung überwachen? Und wie? Auf der Basis welcher Zertifizierungen? »Selber können wir das letztlich nicht überprüfen«, gab der Tiefbauamtsleiter Richard Kuon zu Protokoll. Es kam noch schlimmer. Der Städtetag und der Gemeindetag befassten sich mit dem Thema, und zwar mit unterschiedlichen Ergebnissen, Der»Arbeitskreis Friedhöfe« des Städtetags rät den Städten zur Zurückhaltung, dagegen hat sich der Gemeindetag die Mühe gemacht, eine Mustersatzung für die Verwaltung auszuarbeiten. Wie der *Schwarzwälder Bote* weiter berichtet, befinden sich bereits mehrere Städte, so etwa Nürnberg und Hannover, wegen einer Satzungsänderung im Rechtsstreit. Je mehr die gut gemeinte Forderung in das wahre Leben getragen wird, desto verworrener wird sie durch juristische Bypässe ausgebremst.

Die Grabsteinschüttelverordnung

Vor Jahrzehnten ersannen Juristen das, was der Volksmund »Grabsteinschüttelverordnung« nennt. Mittlerweile haben die Rüttel- und Schüttel-Beauftragten das Kontrollsystem perfektioniert. Nun wird es teuer – für den Verbraucher!

»Am achten Tag schuf Gott den Rechtsanwalt«, nennt der Kabarettist Werner Koczwara eines seiner Programme. Was den deutschen Paragrafendschungel angeht, kann Insider Koczwara aus dem Vollen schöpfen. Dennoch kommt es vor, dass seine Zuhörer skeptisch die Stirn runzeln: Übertreibt der Kerl jetzt? Aber Koczwara zitiert lediglich aus der deutschen Friedhofsordnung: Einmal im Jahr müsse an den Grabsteinen gerüttelt werden. Ungläubigen Blicken begegnet Koczwara mit dem Hinweis, dass dieser Vorgang tatsächlich in »dicken, roten Büchern« festgeschrieben sei: »In Schwäbisch-Gmünd haben wir einen städtischen Grabsteinschüttelbeauftragten!« Der Sache müssen wir auf den Grund gehen.

Ein Dorffriedhof in Franken mit einer kleinen, trutzigen Aussegnungskapelle. Nicht weniger klobig wirken die dunklen Grabsteine, die Relikten mittelalterlicher Befestigungen ähneln. Hier bin ich mit einem erfahrenen Steinmetz verabredet, der sein Handwerk seit drei Jahrzehnten ausübt. Aus Furcht vor Repressalien durch die Friedhofsverwaltung will er seinen Namen nicht nennen. Wir befinden uns direkt neben einem der mächtigen Grabsteine. Stehen die auch wirklich fest? Auf diese Frage kommt kein Friedhofsbesucher, auf solche Fragen kommen Verordnungsgeber. Wer ist schuld, wenn ein Grabstein einen Besucher erschlägt? Tatsächlich gibt es lockere Grabsteine, und niemand bezweifelt ernsthaft, dass die Standfestigkeit geprüft werden muss. Die Art und Weise, wie die körperliche Unversehrtheit der Friedhofsbesucher und die rechtliche Sicherheit von Berufsgenossenschaften hierzulande behandelt werden, ist allerdings eine nähere Betrachtung wert. Wie sicher, fragen wir den Steinmetz, den wir nachfolgend »Herrn Steinmetz« nennen dürfen, stehen die Grabsteine auf den Gräbern?

Zunächst erfahren wir, dass ein Grabstein normalerweise mit einem Bolzen versehen ist, der durch den Sockel hindurch mit dem steinernen Fundament, das unter der Erde liegt, verbunden ist. Dies ist seit 40 Jahren gängige Praxis und hat nach Schätzungen des Steinmetzes zu 99 Prozent Gültigkeit. Um nun aber ganz auf Nummer sicher zu gehen, schuf der Verordnungsgeber ein Gebilde aus Vorschriften, der vom Volksmund mit einem eigenen Begriff versehen wurde: die Grabsteinschüttelverordnung. »Früher wurden Leute abgeordnet, die, der Vorschrift folgend, an den Steinen herumgerüttelt haben«, berichtet Ludwig Steinmetz. Jedes Jahr wurde also einmal kräftig geschüttelt. Was zur Folge hatte, dass nach zwei, drei Jahren die ersten Grabsteine tatsächlich instabil wurden. Gedrückt hat man in der Regel am höchsten Punkt des Steins, wo die Hebelwirkung am größten ist. Je gewissenhafter die Mitarbeiter ihrer Arbeit nachgingen, desto schneller verloren die Grabsteine ihren Halt. »Und dann«, berichtet Steinmetz, »kam man auf die glorreiche Idee, eine Grabsteinschüttelmaschine zum Einsatz zu bringen.« Damit begann ein neues Leidenskapitel rund um den wohl interessantesten Paragrafen aus dem Reigen der Überreglementierung.

Die Verordnungsgeber haben gelernt. Um die wortwörtlich umwerfende Schüttelpraxis in den Griff zu bekommen, hat man eine Grabsteinschüttelmaschine konstruiert, die mit exakt ausgeklügelten Kilopond-Belastungen auf den Grabstein einwirkt. Zur Maschine wird eine aufwendige Software geliefert, in die sich die hier als »Schüttler« bezeichneten Mitarbeiter einzuarbeiten haben. Das verursacht zusätzliche Kosten, die – wer hätte es gedacht – an den Verbraucher weitergereicht werden. Nun ist diese Maschine nach Auffassung von Herrn Steinmetz nicht das Papier wert, auf dem sie verordnet wurde: Die Maschine soll feststellen, ob der Stein mit dem Fundament fest vernutet ist. »Kann sie nicht«, weiß Steinmetz. »Denn viele Steine bestehen den Schütteltest, ohne fest vernutet zu sein. Ihr Eigengewicht presst sie auf das Fundament. Gerät das Fundament allerdings in Schieflage, weil das Grab in sich zusammensackt, kann theoretisch auch der Grabstein stürzen.« Was also ist eine solche Maschine wert? Der Lebenslauf der Schüttelverordnung ist auffallend lang. Ein früherer Innenminister von Baden-Württemberg bezeichnete die Verordnung als die »dümmste in Deutschland« – aber er konnte den Paragrafen nicht aus der Welt schaffen. Auch hartnäckigste Vertreter des Grabstein-Handschüttel-Prinzips konnten schließlich nicht mehr leugnen, dass erst durch den Vorgang der manuellen Krafteinwirkung die Instabilität herbeigeführt wurde. Also musste ein Spezialgerät her, das die Drucklast mit absoluter Exaktheit an den Stein brachte.

Lag der Schüttelexzess bisher in den rührigen Händen der Friedhofsverwaltungen, so sollten ab 2007 auch Steinmetze Hand beziehungsweise Gerät anlegen. Es hagelte Proteste. So zitierte im Dezember 2006 die Nachrichtenagentur dpa den Geschäftsführer des Bundesinnungsverbands der Steinmetze in Frankfurt am Main, Wolf Simon: »Wir halten das für übertrieben. So ein Grabstein ist ein Bauwerk, bei dem wir ohnehin gewährleisten müssen, dass das Fundament hält.« Das sogenannte Zeit-Last-Diagramm koste zwischen 1500 und 3000 Euro, es werde natürlich an die Kunden weitergegeben. Im Klartext: Jeder Grabstein wird um die 120 Euro teurer – wofür?

Wenn die Paragrafen Trauer tragen

Die Bevormundung beginnt an der Wiege und endet auf der Bahre – sollte man annehmen. Tatsächlich geht die Bürokratie weit über den Tod hinaus. Sie bedrängt und bevormundet Menschen, die sich nicht wehren können: die Trauernden.

Trauer, Teil 1:

Ein Mensch ist gestorben. Die Trauergemeinde und die Friedhofsbeamten haben sich mit eigenen Augen davon überzeugt, dass der in der Leichenhalle abgelieferte Tote identisch ist mit dem, der im Beisein von Verwandten und Bekannten zu Grabe getragen wurde. Bleibt eine Frage: Können wir absolut sicher sein, dass der Tote auch bestattet wurde? Im Grunde schon, sagt der gesunde Menschenverstand. Keineswegs, sagt der Verordnungsgeber. Neuerdings muss in NRW ein Nachweis geführt werden, dass ein Verstorbener wirklich beigesetzt worden ist, sofern es sich um eine Urne handelt. Hintergrund ist die knallharte Durchsetzung des Friedhofszwangs. Danach haben Friedhöfe einen Bestattungsnachweis zu liefern, was für die Angehörigen auf höhere Gebühren hinausläuft.

Was normal sterbliche Menschen nur mit einem höheren Maß an Ironiefähigkeit verkraften, erscheint dem Schreibtischtäter in ganz anderem Licht. Im Gesetzesentwurf zur Änderung des Bestattungswesens in NRW (25.4.2013) steht der Satz »Durch die Einführung einer Frist und Nachweispflicht wird die rechtmäßige Bestattung der Totenasche sichergestellt«. Rund um das Thema Tod ranken sich Vorschriften und Verordnungen, mit deren Hilfe sich der Verwaltungsapparat gegen alle möglichen und unmöglichen Fälle absichert und dabei auf den Gefühlen von Trauernden herumtrampelt wie ein Elefant im Porzellanladen, befand der 2012 verstorbene Bestattungsunternehmer Fritz Roth aus Bergisch Gladbach. Sein Sohn David führt das Unternehmen fort – und damit auch den Aufstand seines Vaters gegen die ausufernde Reglementierungswut. Unter anderem beklagt Roth das neue Bestattungsgesetz, nach dem unbekannte Tote, an deren Ableben ein Fremdverschulden nicht auszuschließen ist, beschlagnahmt werden und der Pathologie zur Verfügung stehen. Angehörigen ist somit die Möglichkeit genommen, Abschied zu nehmen. Zudem schreibt das Gesetz zwingend vor, wie eine »ordentliche Bestattung« in Deutschland auszusehen hat:

Es gibt den Friedhofszwang – und der kollidiert mit der Grundeinstellung freier Menschen, das meint auch die 77-jährige Christine P. Engels aus Wermelskirchen. Frau Engels sollte ins Altenheim, das empfahlen ihr jedenfalls Freunde und Bekannte nach dem Tod ihres Mannes. Stattdessen lebt sie inmitten der Natur und holt sich daraus ihre Kraft. Sie genießt es, im Sommer vom Gezwitscher der Vögel geweckt zu werden und mit Freunden und Besuchern lange Gespräche zu führen. Menschen, denen sie vertraut, führt sie gerne auf einen kleinen Hügel, der zu ihrem Garten gehört. Unter dem Schatten von Kirschbäumen steht die Steinmetzarbeit ihres verstorbenen Mannes: eine Art Königsthron mit einer zwei Meter hohen Lehne. Christine P. Engels setzt sich auf den Stuhl und zeigt uns ihr Lächeln. »Hier, in dieser Erde«, wünscht sie sich fröhlich, »soll einmal meine Urne ruhen.« Doch darüber hat Frau Engels nicht zu befinden. Deutsche Bürokraten haben ihr die Entscheidung bereits abgenommen: Tote dürfen nur auf Friedhöfen bestattet werden.

Zurück nach Bergisch Gladbach, zum Bestattungsunternehmen Roth. David Roth sieht sich als Partner von Menschen wie Frau Engels: Gleichzeitig weiß er um die Gefahr, dass seine Entscheidungen die Behörden auf den Plan rufen könnten. Behörden, mit denen bereits sein Vater Fritz einschlägige Erfahrungen gesammelt hat. Ein besonders eindrucksvolles Beispiel für Reglementierungswut über das Totenbett hinaus lieferte die bayerische Gesetzgebung:»Mit Geldbuße kann belegt werden, wer eine Leiche beiseiteschafft oder bestattet, ohne dass die in diesem Gesetz oder aufgrund dieses Gesetzes oder in anderen Rechtsvorschriften festgelegten Voraussetzungen für die Bestattung vorliegen.«

Eine Familie in Bergisch Gladbach wurde von einem Krankenhaus in Bayern vom Tod eines nahen Verwandten in Kenntnis gesetzt. Das war an einem Freitagnachmittag. Im Freistaat dürfen Tote an Wochenenden nur in Friedhofskapellen überführt werden – eine Reglementierung, welche die Trauer von Angehörigen mit Füßen tritt. Denn die Familie wollte den Toten nach Hause holen lassen, um ihn über das Wochenende in den eigenen vier Wänden aufzubahren und damit auf würdige Weise Abschied zu nehmen. Doch was hilft der Wunsch, wenn die bayerische Friedhofsverordnung nein sagt? Der Bestattungsunternehmer Roth setzte sich über die Verordnung hinweg, holte den Toten aus dem Krankenhaus und brachte ihn nach Bergisch Gladbach. Kurze Zeit später stand Roth vor Gericht und wurde zu einer (bezeichnend niedrigen) Geldstrafe verurteilt. Was sollten Angehörige aus diesem Fall – und nicht nur aus diesem – lernen?

In einer Hörfunksendung erteilte Roth Betroffenen folgenden Ratschlag:»Wenn das Krankenhaus die Herausgabe ihres Angehörigen verweigert, dann fahren Sie hin, passen Sie den Chefarzt im Treppenhaus ab und fragen Sie ihn. Wenn der Mann ablehnt, dann schreien Sie! Schreien Sie ihr ganzes Elend heraus, und Sie werden sehen: Es geht.« Sein Sohn David vertritt folgende Maxime:»Den eigenen Tod stirbt man nur, mit dem der anderen muss man leben.« Das Zitat stammt von der jüdischen Dichterin Mascha Kaléko. Das heißt im Klartext: Leben und trauern, wie es dem Verordnungswesen gefällt. So wird auch reglementiert, dass ein Toter in einer bestimmten Frist bestattet werden muss. Wenn es um das Vermögen Verstorbener geht, verlangen Banken einen Erbschein – auch dann, wenn eine Generalvollmacht über den Tod hinaus besteht. Roth vermutet, dass Banken damit auf Zeit setzen. Bis der Erbschein organisiert ist, wirft das Vermögen Zinsen ab. Und wenn man als Angehöriger den Sarg mit tragen will? »Dann muss man zumindest in der Kölner Friedhofsverwaltung mit der Brechstange ran«, meint David Roth. »Schließlich könnte es passieren, dass einem der Sarg entgleitet. Wer ist dann verantwortlich?« Vorbei sei auch die Zeit, in der man ein lieb gewonnenes Haustier im eigenen Garten bestatten kann: Heute muss man den Tierbestatter oder Veterinär rufen.

Trauer, Teil 2:

Die Erfahrungen, die David Roth auf lokaler Ebene macht, sammelt die Organisation »Aeternitas« überregional. »Aeternitas« sitzt in Königswinter bei Bonn und versteht sich als »Verbraucherinitiative Bestattungskultur«, also eine Art Schutzorganisation gegen ausufernde Bürokratie im Trauerfall. Denn Trauernde bringen naturgemäß weniger Widerstandskraft gegenüber behördlichen Übergriffen auf.

Für die Lektüre der »Friedhofssatzung der Evangelisch-Lutherischen Kirchengemeinde Stotternheim« brauche man schon ein wenig Galgenhumor, meint »Aeternitas«-Sprecher Alexander Helbach. Besonderes Interesse verdient der Paragraf mit einem Abschnitt über die Grabmal- und Bepflanzungsordnung. Für diesen Bereich hat der Friedhofsträger eine eigene Ordnung erlassen. Und die erstickt jeden individuellen Gestaltungswillen im Keim. Es beginnt damit, dass keine Pflanze höher wachsen darf als 40 Zentimeter. Hecken dürfen ebenfalls nicht höher hinaus, jedoch maximal die halbe Grabsteinhöhe erreichen. Bei der Gestaltung von Grabsteinen wird ebenfalls reglementiert, was das Zeug hält. Eine lange Latte von zulässigen und

unzulässigen Materialien hält die Steinmetze auf Trab, auch
die Schriften und Ornamente haben sich in fest abgesteckten
Grenzen zu halten, um den Gesamteindruck des uniformierten
Friedhofs zu wahren. Für Holzkreuze sind selbst die zulässigen
Imprägniermittel verboten, farbige Anstriche und Lackierungen
sind ebenfalls nicht erlaubt.
Weiter heißt es:»Jede Grabstätte ist mit einer Grundbepflan-
zung auszustatten, die mindestens zwei Drittel der Grabstätte
überdeckt.« Außerdem steht da der bemerkenswerte Satz:
»Geeignete Pflanzen sind der Pflanzenliste des Paragraf 7
zu entnehmen.« Nun folgt eine lange Liste mit Beispielen für
»bodendeckende, rückschnittverträgliche Gehölze«, etwa die
Zwergmispel oder die Kissen-Eibe. Efeu? Kommt nicht infrage!
Efeu ist nämlich eine Kletterpflanze. Daher ist auch der wilde
Wein streng untersagt. Wo kämen wir da hin: Wein-Assoziatio-
nen auf einem protestantischen Gottesacker? Zum Schluss ein
Zusatz, der doch als eine gewisse Toleranz in Gestaltungsfragen
verstanden werden kann: Einzelpflanzen dürfen die Höhe von 40
Zentimetern ausnahmsweise übersteigen, »insbesondere wenn
dies nur zeitweise geschieht«. Und: »Die Gesamthöhe darf die
Breite der Grabstelle jedoch nicht übersteigen.« Verboten sind
außerdem Särge aus Tropenholz – versteht sich von selbst!

Trauer, Teil 3:

Überreglementierung von der Wiege bis zur Bahre – die Fälle,
die man bei »Aeternitas« recherchiert hat, lassen sich beliebig
fortsetzen: Ein 29-jähriger Bürger aus Emmerich versuchte, den
letzten Willen seiner Mutter durchzusetzen. Die Frau wollte eine
Feuerbestattung, um anschließend im Familiengrab beigesetzt
zu werden. In diesem Grab ruhen bereits zwei Urnen, es handelt
sich um die Eltern der eben Verstorbenen. Doch die Friedhofs-

verwaltung lehnte ab. Denn das Grab sei maximal für zwei Urnen und einen Sarg vorgesehen. Hätte die Frau eine Erdbestattung gewünscht, wäre alles in Ordnung gewesen. So aber bekam der Sohn ein Problem. Er wandte sich hilfesuchend an das Rathaus. Das Bürgermeisteramt blieb eisern beim Nein.

Denn eine Satzung sei rechtsbindend, wer einmal eine Ausnahme mache, der bekomme die Tür nicht mehr zu. Hintergrund der harten Entscheidung sei der Gedanke der Pietät: Man wolle vermeiden, dass in einem Grab acht oder zehn Urnen untergebracht würden. Die Geschichte nahm schließlich groteske Züge an. Denn das Familiengrab ist nun einmal auf die Aufnahme von drei Personen ausgelegt. Nun hat der Sohn ein neues Grab ausfindig gemacht, in dem die Urne der Mutter mittlerweile beigesetzt wurde. Dieses neue Grab ist zwar nur halb so groß wie das Familiengrab, doch dürfen hier laut Satzung vier Urnen bestattet werden. Die *Rheinische Post* zitiert den 29-Jährigen:»Da fasst man sich an den Kopf – keiner versteht das mehr!« Nun werden die Urnen der Großeltern aus dem alten Grab herausgenommen und in das neue überführt. Dazu muss die 150 Jahre alte Familiengrabplatte umgesetzt werden. Gesamtkosten: etwa 2 000 Euro.

In einem anderen Fall ging sogar ein Gericht dazwischen. 2010 verbot die Stadt Gladbeck einer Witwe, auf dem Grab ihres Mannes einen Porzellanengel samt Seidenblumen abzulegen. Die Klage vor einem Gericht endete mit einem Vergleich: Der Engel durfte landen, die Seide flog in den nicht verwertbaren Müll. Allerdings monierten die Richter die extrem strenge Friedhofssatzung von Gladbeck. Damit kam Bewegung ins Spiel: Die Stadtväter überarbeiteten die Paragrafen.

Die Störung der Totenruhe durch Überreglementierung ist nicht nur Verwaltungsbeamten anzulasten. In Dortmund war es die katholische Kirche, die rechtlich zwar einwandfreie, aber für viele Menschen moralisch fragwürdige Entscheidungen traf. Ein kleiner Junge war an einem Hirntumor gestorben, er wurde nur neun Jahre alt. Als Fan von Borussia Dortmund hatte Jean-Pascal einen letzten Wunsch gehabt: Auf dem Grabstein sollte ein Fußball liegen. Andere Friedhofsverwaltungen, zum Beispiel die vom Kölner Melaten-Friedhof, haben längst anerkannt, dass individuelle Gestaltungswünsche von Trauernden keineswegs automatisch gegen den guten Geschmack verstoßen müssen, und lassen eine gewisse Vielfalt zu. In Dortmund dagegen argumentierte die Kirche, aus der Gesamtheit der Grabgestaltung des kleinen Jean-Pascal sei der erforderliche christliche Bezug nicht erkennbar. »Rechtlich ist das wenig angreifbar«, wusste die Organisation »Aeternitas«. Dennoch berichtete die Lokalpresse ausführlich über den Vorfall, woraufhin ein Sturm der Entrüstung losbrach. Allein auf der entsprechenden Facebook-Seite wurden über 110 000 Nutzer registriert. Schließlich einigten sich Eltern und Kirche auf einen Kompromiss.

Im westfälischen Lippling, einem Stadtteil von Detmold, wollte ein 67-jähriger Rentner neben seiner kürzlich verstorbenen Frau bestattet werden. 44 Jahre hatten die beiden zusammengelebt. Nach einem Bericht des *Westfalenblatts* wurde dem Mann sein Wunsch untersagt: Ein überlebender Ehepartner muss laut Friedhofssatzung älter als 70 Jahre sein, um einen Rechtsanspruch auf ein Doppelgrab zu haben. Gegen seinen Wunsch musste die Ehefrau des Rentners in einem Einzelgrab bestattet werden. In anderen Fällen wurden Engelsfiguren auf den Gräbern verboten, weil die Friedhofssatzung alles Porzellan vom Gelände verbannt hatte. Das SWR Fernsehen berichtete von einem weiteren Fall in Bad Dürkheim: Dort war es nicht erlaubt, Blumen und Gestecke an einer Urnenwand aufzustellen. Die Begründung: Störung der Ordnung. Im rheinland-pfälzischen Rengsdorf ließ ein Pastor eine Grabplatte abräumen, die laut Friedhofssatzung fünf Zentimeter zu groß ausgefallen war. »Aeternitas« wusste, dass derselbe Geistliche die Grabplatte Jahre zuvor genehmigt hatte.

Trauer, Teil 4:

Hat ein 12-jähriges Kind die innere Reife, das Grab der Großeltern im Alleingang aufzusuchen? Die Friedhofssatzung der
Stadt Kassel gibt darauf eine klare Antwort: Nein. Kinder unter 14 Jahren dürfen Friedhöfe nur in Begleitung Erwachsener
betreten. Wer sich diese Satzung vornimmt, sollte viel Zeit
mitbringen. Das Reglement schnürt Angehörige in ein enges
Korsett: So ist es streng verboten, Tiere, auch an der Leine,
mitzubringen. Ausgenommen sind Blindenhunde. Allerdings ist
das Füttern von Tieren – und damit auch von Blindenhunden –
streng untersagt.

Gewerbetreibende werden nur zugelassen, wenn sie »in
fachlicher, betrieblicher und persönlicher Hinsicht zuverlässig
sind« (Wer definiert den Begriff der Zuverlässigkeit?). Es ist
Angehörigen untersagt, eine Urne persönlich in die Erde zu
senken. Das übernehmen die amtlich zugelassenen Urnenträ-
ger. Die Särge dürfen folgende Maße nicht überschreiten: Für
Kinder bis fünf Jahre 1,50 Meter Länge, 0,50 Meter Breite, 0,60
Meter Höhe. Wer für seine Verstorbenen eine besonders schöne
Urne ausgesucht hat, darf sie wieder mit nach Hause nehmen,
natürlich ohne Asche: »Die Aschenreste werden in die von der
KF Krematorium Friedhofsgärtnerei GmbH bereitgestellten Ur-
nenkapseln verfüllt. Andere Urnenkapseln zum Verfüllen der
Aschenreste sind nicht zulässig.« In Paragraf 16, Absatz 2 a
(Urnenreihengrabstätten) steht zu lesen: »Die Angehörigen
erhalten keine Auskunft über die Grablage.« Absatz 2 b: »Die
Angehörigen erhalten keine Grablagekarte.« Und weiter: »Das
Aufstellen einer Bank, eines Stuhles oder einer sonstigen Sitz-
gelegenheit auf der Grabstätte ist nicht zulässig.« Wer kommt
auf die Idee, auf dem Grab eine Parkbank zu installieren? Oder
sind damit ältere Menschen gemeint, die sich vor dem Grab für
ein paar Minuten auf einem Klappstuhl ausruhen möchten?

Immerhin ist es Angehörigen ausdrücklich erlaubt, die Gräber zu pflegen und zu bepflanzen – vorbehaltlich von Regelungen in einem anderen Paragrafen. Unbehauener Naturstein auf dem Grab ist unzulässig, ebenso Findlinge:»Alle Flächen (des Grabsteins) müssen bearbeitet sein.« Bei stehenden Grabmalen können auf Antrag maximal zwei Porzellanbilder bis zu einer Größe von 6 mal 10 Zentimetern zugelassen werden. Schriften und Symbole auf dem Grabstein dürfen nur maximal 5 Millimeter über der Grundfläche liegen. Nicht zugelassen sind alle nicht aufgeführten Materialien wie Glas, Beton, Emaille, Lichtbilder, Blattgold und»sonstige Metallschriften«.

Bei der weiteren Lektüre dieser Satzung wird Angehörigen vor Augen geführt, welche Folgen die Nichteinhaltung nach sich zieht. Der Tonfall gegenüber den Trauernden ist eher barsch:»Verwelkte Blumen und Kränze sind unverzüglich von den Grabstätten zu entfernen und an den dafür vorgesehenen Plätzen abzulegen.« Weiter:»Wird eine Reihengrabstätte nicht ordnungsgemäß gepflegt, erfolgt ein öffentlicher Hinweis unter den amtlichen Bekanntmachungen der Stadt Kassel und ein Hinweis auf der Grabstätte. Führt das zu keinem Erfolg, wird der Grabhügel abgeräumt und mit Rasen besät.« Peinlich genau ist geregelt, wie lange die Zeremonie der Trauer währen darf:»Die Trauerfeiern sollen nicht länger als 30 Minuten dauern.« Und: »Nachrufe können nur im Einvernehmen mit dem amtierenden Pfarrer oder Redner gehalten werden. Sie sollen bei Erdbestattung am Grabe geschehen.« Aus all dem lässt sich schließen, dass trauernde Angehörige eine potenzielle Bedrohung der Totenruhe sind – und sie sind Bittsteller vor dem Amt. Dabei ist die Stadt Kassel nicht die einzige Kommune, welche die Demütigung von Trauernden in juristisch unantastbare Paragrafen fasst.

Trauer im Dschungel der Bürokratie

Ein fiktiver Herr Müller hat die traurige Pflicht, einen Angehörigen zu beerdigen. Je nachdem, wo er lebt, erschweren ihm zahllose bürokratische Hürden die Antwort auf eine einfache Frage: Was kostet die Bestattung?

Beginnen wir im Norden: Herr Müller nimmt sich die Gebührenordnung der Stadt Bremen vor. Der Trauernde traut seinen Augen nicht. Auf die schlichte Frage nach den Kosten für ein einigermaßen preiswertes Einzelgrab fliegen ihm Zahlentabellen um die Ohren. So werden für manche Grabarten nur Prozentsätze angegeben, die zu anderen Kostenpositionen addiert oder von ihnen abgezogen werden müssen. Ohne fremde Hilfe kommt er nicht weiter.

Fast ebenso unklar ist die Situation in Stuttgart. Herr Müller studiert das Gebührenverzeichnis, wo die Kosten für »Beisetzen, Ausgraben, Umbetten, Aufbewahren, Versand von Urnen, je nach Leistung« aufgeführt sind. Endlich zwei konkrete Zahlen: »Je nach Leistung« bedeutet zwischen 55 bis 500 Euro. Alles klar? In Kassel gehen Herrn Müller die Augen über angesichts der Vielfalt der denkbaren Varianten von Bestattungen. Ist der Leichnam im Krematorium der Stadt oder in einem anderen eingeäschert worden? Selbst von der Antwort auf diese Frage hängen die Kosten ab, wenn es um eine Trauerfeier für Urnenbestattungen geht. In Aachen kommen Herrn Müller die Tränen. Denn der Gebührentarif der Stadt sagt nur etwas aus, wenn man die Friedhofsgebühren in jährlichen Beiträgen erfahren will. Selbst hier bleibt unklar, für wie viele Jahre konkret bezahlt werden muss – was wiederum von Ruhefristen abhängt. Über Ruhefristen steht allerdings weder im Gebührentarif noch in der Gebührenordnung etwas. Was jetzt? Herr Müller könnte in der Friedhofssatzung fündig werden. Auf die Idee muss er jedoch erst einmal kommen. Endlich ist Herr Müller am Ziel seiner Träume: Er strandet in Bonn. Zunächst wird die Grabnutzungsgebühr etwas unübersichtlich in jährlichen Einheiten dokumentiert. Doch in der Gebührenordnung sind die Kosten exakt und klar aufgelistet. Warum soll man den Trauernden die Regularien auch schwerer machen, als sie ohnehin schon sind? All diese Fälle hat die Hinterbliebenen-Organisation »Aeternitas« in Königswinter zusammengefasst und eine Online-Gebührendatenbank für knapp eintausend Städte veröffentlicht. »Aeternitas«-Vorsitzender Christoph Keldenich: »Selbst Experten fällt es mitunter nicht leicht, die Gesamtkosten für eine Grabart zu ermitteln.« Ob sein Aufruf an die Kommunen, ihre Gebührenordnungen klar und verständlich darzustellen, auf fruchtbaren Boden fällt, darf leider bezweifelt werden.

Beschwerde! An wen wende ich mich?

Die Überregulierung kostet uns Zeit, Geld und Nerven, verletzt unser Gefühl für Selbstachtung und macht uns zornig. An wen wenden wir uns, wenn das Fass überläuft? Da für den Absicherungswahn zahllose Einrichtungen und Phänomene verantwortlich sind – Berufsgenossenschaften, Europäische Kommissionen, Einflüsse von Lobbyisten, Gesetzgebung auf Länder- und Bundesebene –, gibt es keine zentrale Anlaufstelle, wohl aber Institutionen, die uns bei der Orientierung behilflich sind.

Als Erstes wären unsere Volksvertreter zu nennen – die Landtags- und Bundestagsabgeordneten der Wahlkreise. Entsteht der Ärger auf kommunaler Ebene, kontaktieren Sie Ihren Stadtrat. Welche Fraktion hat wie über eine bestimmt Frage abgestimmt? Die entscheidenden Sitzungen sind in aller Regel öffentlich. Rufen Beschlüsse, die auf europäischer Ebene gefallen sind, Verdruss hervor, so gibt es ebenfalls Möglichkeiten des Einspruchs – etwa beim Europäischen Bürgerbeauftragten. Dessen Adresse lautet wie folgt: 1 Avenue du Président Robert Schuman, CS 3043, F-67001 Strasbourg Cedex, France. Auf der dazugehörigen Internetseite (»Europäischer Bürgerbeauftragter« in die Suchmaschine eingeben) finden sich auch weitere hilfreiche Adressen:

• das Europäische Verbindungsnetz der Bürgerbeauftragten
• der Petitionsausschuss des Europäischen Parlaments
• die Europäische Kommission
• der Europäische Datenschutzbeauftragte
• SOLVIT
• europäische Verbraucherzentren

Informationen und Ratschläge
Schließlich gibt es noch die Öffentlichkeitsarbeit bei der Ständigen Vertretung der Bundesrepublik Deutschland in Brüssel:
rue Jacques de Lalaing 8-14
B-1040 Brüssel
Telefon 0032-(0)2-787 1000

Besonderer Dank

Mein besonderer Dank gilt dem Psychologen und Philosophen Professor Wilhelm Salber, der mich für das Thema sensibilisiert hat – ebenso allen Gesprächspartnern, die aus dem Nähkästchen geplaudert haben und dabei riskieren, von diversen »Reglementierungs-Institutionen« auf die schwarze Liste gesetzt zu werden.

Die Idee für dieses Buch entstand nach einer sehr erfolgreichen Serie im *Deutschlandfunk*.